studiopockets®

Ideen für die Praxis

Das Studiopockets-Konzept

Studiopockets sind anders – das haben Sie sicher schon bemerkt. Denn Studiopockets sind ein neues, freches, dabei vor allem praxisorientiertes Konzept, das Fachbücher von ihrem staubigen Image befreien und endlich wieder Lust auf Lesen und Lernen machen will. Unsere Bücher sind klein und handlich, passen unterwegs in jede Jackentasche, in der U-Bahn locker auf den Schoß oder beim Mitmachen von Übungen und Workshops leicht neben Computertastatur, DJ-Mixer oder Keyboard.

Dank Ringbindung lassen sie sich prima blättern und können nicht so leicht verknicken oder auseinanderfallen. Besonders für diese Serie aber ist ihr enormer Praxisbezug, der durch vertiefende Übungen, teils farbige Aktiv-Workshops und ergänzende Downloads aus dem Internet gefestigt wird. Studiopockets bieten geballtes Fachwissen – kompakt und aktiv vermittelt. Nützliche Ideen für die Praxis eben.

eContent – Begleitmaterial aus dem Internet

In diesem Buch wird häufig auf Arbeitsblätter oder bereits erarbeitete Beispiele bezug genommen, die Sie sich zur Vertiefung oder zum Mitarbeiten kostenlos aus dem Internet herunterladen können. Folgen Sie dazu dem Menüpunkt „eContent" unter **www. quick-start.de** und wählen Sie den entsprechenden Buchtitel aus. In das geschützte Verzeichnis gelangen Sie danach mit dem Benutzernamen **karriereguide** und dem Passwort **QE1AJ9oW**

Christina Rakebrandt

Karriereguide für Musiker

Potenziale entdecken. Träume verwirklichen.

Bibliografische Information der Deutschen Nationalbibliothek
Die Deutsche Nationalbibliothek verzeichnet diese Publikation in der Deutschen Nationalbibliografie. Detaillierte bibliografische Daten sind im Internet über http://dnb.d-nb.de abrufbar.

Alle in diesem Buch gemachten Angaben, Übungen, Checklisten und Workshops wurden mit größter Sorgfalt erarbeitet bzw. zusammengestellt. Trotzdem können Fehler im Text nicht ausgeschlossen werden. Verlag, Herausgeber und Autorin übernehmen daher für fehlerhafte Angaben und deren Folgen weder eine juristische Verantwortung noch irgendeine Haftung. Sie sind jedoch für Verbesserungsvorschläge und Korrekturen dankbar.

Wir weisen darauf hin, dass die in diesem Buch verwendeten Gebrauchsnamen, Handelsnamen, Warenbezeichnungen usw. warenzeichen-, marken- oder patentrechtlichem Schutz unterliegen können. Ihre Verwendung dient ausschließlich Informationszwecken und stellt keinen Missbrauch im Sinne des Urheberrechts dar.

ISBN: 978-3-940963-07-9
4. Auflage 2013
Herausgeber der Studiopockets-Serie: Alexander Bota-Weber
Autorin: Christina Rakebrandt
Illustrationen: Christian Sommer
Layout & Design: Alexander Bota-Weber
Coverfoto: Joey Nelson
Korrektur: Anja Spangenberg
Druck: sag, Darmstadt

Copyright © 2013 quickstart Verlag, Seeheim • E-Mail: hallo@quick-start.de
Internet: www.quick-start.de • www.quick-start.at
„quickstart" und „studiopockets" sind eingetragene Marken.

Für Karsten, mi cielo.

On the day that you were born...

Die Autorin

Christina Rakebrandt, Jahrgang 1974, lebt mit ihrem Mann in Hamburg und arbeitet dort selbständig unter dem Namen „golden ball Coaching & Training".

1994 begann ihre berufliche Laufbahn mit einer kaufmännischen Ausbildung, an die sie das Studium der Betriebswirtschaftslehre in Köln anschloss, um sich dort auf Wirtschafts- und Sozialpsychologie sowie auf Personalökonomie zu spezialisieren.

Auf der Suche nach einem Weg, ihre Kreativität und ihren Spürsinn mit psychologischem Fachwissen und der Anwendung von soliden Managementtools zu verbinden, gab sie 2004 ihren ersten Workshop für ‚Potenzialentwicklung'. Nachhaltig fasziniert von diesem Thema, baute sie ihren Ansatz mit großem Forscherdrang aus, unter anderem durch eine dreijährige Ausbildung als Coach und Trainerin. Als zweites Standbein arbeitete sie in verschiedenen Funktionen des Kulturmanagements und in der Personalentwicklung.

Heute gibt sie Coachings und Trainings in der freien Wirtschaft und ist als Dozentin für Potenzialanalyse, Karrieresteuerung und Selbstmanagement an Institutionen aus dem Bildungs-, Gesundheits- und Kulturbereich tätig. So auch an der Hamburg School of Music, wo sich ihr Workshop an angehende Berufsmusiker im Bereich Popularmusik richtet. Aus diesen Workshops fließen viele lebendige Beispiele in das Buch ein. **Kontakt: www.goldenball.info**

Inhalt

Kapitel 5 – Ziele und Projektmanagement 195

Vorwort von Theresa Dold

Eine wichtige Voraussetzung bei der Durchsetzung unserer Ziele ist es, dass wir uns selbst Wert schätzen, von unserem Können überzeugt sind und unsere Träume ernst nehmen. Damit machst du dich nicht so sehr von der Meinung anderer abhängig und wartest nicht ewig darauf, dass dich jemand ‚entdeckt', sondern nimmst deine Ziele selbst in die Hand.

Wenn du dir über deine Begabungen und Fähigkeiten, deine Ziele und Wünsche nicht bewusst bist, ist es sehr schwer, effektiv zu handeln und etwas zu erreichen. Ein Ziel und vor allem ein großes Projekt muss etwas Standhaftes und tief Verwurzelt sein, damit du auf dem Weg dorthin nicht beim ersten Sturm umkippst. Dafür musst du es wirklich wollen, es muss aus deinem Herzen kommen, dein Projekt muss beseelt sein. Diese grundlegenden Aspekte vermittelt Christina Rakebrandt in ihren Workshops und jetzt in diesem Buch.

Mein großer Traum von der ersten eigenen CD hatte mich schon sehr lange beschäftigt. Der Hauptantrieb dafür war der Wunsch, eine Auswahl meiner besten Songs auf einem Album zu verewigen und mich als Künstlerin zu verwirklichen. Außerdem war nach meinem langjährigen Entwicklungsprozess als Sängerin und Songwriterin die Zeit reif, mit einem eigens geschaffenen, authentischen Werk in die Öffentlichkeit zu treten. Das Traumziel „eigenes Album" stand in enger Verbindung mit einem weiteren, sich immer deutlicher abzeichnenden Anliegen: die Musik zum Beruf zu machen und als professionelle Musikerin zu arbeiten.

Neben Live Konzerten ist es sicherlich eines der Hauptziele als Musikerin, die eigene Musik zu verewigen und dafür Gehör zu erhalten. Auch meine damalige Band betrachtete das Ziel ‚Ins-Studio-gehen' immer als Ansporn, anstrengende Probenphasen durchzustehen. Eigentlich war geplant, dass wir im Herbst 2007 professionelle Aufnahmen von den erarbeiteten Songs machen. Doch dann löste sich die Band auf. Mein Wunsch, ins Studio zu gehen bestand aber weiter und wurde nach der Loslösung von der Band sogar immer stärker und klarer. Zu dem Zeitpunkt begriff ich, dass ich mich als Sängerin und Songwriterin endlich verwirklichen musste, mit oder ohne Band, denn ich wusste, dass ich etwas kann und es auch im Notfall alleine durchziehen konnte.

Während der Ausbildung an der Hamburg School of Music und durch regelmäßige Auftritte hatte ich mich musikalisch und als Künstlerin enorm weiter entwickelt und mein Selbstbewusstsein, auch für größere Projekte, gestärkt. Dann kam der Workshop von Christina Rakebrandt im November 2007 mit dem Thema Karrieresteuerung und Selbstmanagement ins Spiel und zeitlich genau richtig. Der Workshop war für mich so wichtig, weil er mir geholfen hat, den Wunsch vom ersten eigenen Album ernst zu nehmen, ihn als mein Ziel zu konkretisieren und zu planen. Im Workshop schälte sich nach und nach heraus, welche Aufgaben es überhaupt zu bewerkstelligen gab und wie ich meine Zeit dafür realistisch einteilen sollte. Das Auflisten und Einteilen der Aufgaben in einzelne Handlungsstränge half mir, ein Bild vor meinem inneren Auge entstehen zu lassen und eine Vorstellung von dem Umfang des Projektes zu bekommen. Alles wurde plötzlich viel klarer und schien nicht mehr ganz so unerreichbar. Der Workshop und die darin vermittelten Techniken zum Projektmanagement gaben mir den letzten nötigen Kick, den ich gebraucht hatte, um wirklich loszulegen.

Und ich war erfolgreich! Meine CD ‚Irgendwo dazwischen' liegt jetzt leibhaftig vor mir und Menschen kaufen sie nicht nur bei Konzerten, sondern bestellen sie auch bei mir über Myspace oder kaufen sie bei iTunes. Das Album wird sogar von einem amerikanischen Online-CD-Shop weltweit vertrieben. Das ist schon ein tolles Gefühl. Und auch wenn mir dieses Projekt einiges an Kraft und Nerven abverlangt hat, so bin ich doch glücklich und stolz, dass ich das geschafft habe.

Wer mehr darüber erfahren möchte, kann es in diesem Buch, in dem Kapitel über Ziele und Projektmanagement nachlesen – dort hat Christina meine CD-Produktion als Beispiel verwendet.

Ich wünsche allen Musikerinnen und Musikern, dass sie es schaffen, ihre Begabungen und Träume, sowie ihre ganz persönlichen Herzblut-Projekte erfolgreich zu verwirklichen – denn *„niemand träumt, was ihn nicht angeht!"* (Hermann Hesse). Dieses Buch wird euch sicher ein wichtiger und hilfreicher Begleiter auf diesem Weg sein.

Theresa Dold, Hamburg im Juli 2012

Einleitung

Dieser Karrierewegweiser will Musikern das Handwerkszeug vermitteln, ihren beruflichen und persönlichen Werdegang zu planen und aktiv zu gestalten.

Mit dem Wort ‚Karriere' verknüpfen wir im Deutschen eine ganz klare Richtung: nach oben, wir ‚erklimmen die Karriereleiter'. Das englische Wort ‚career' dagegen, kann auch als ‚Laufbahn' übersetzt werden. Der Ausdruck Laufbahn impliziert ebenfalls eine Bewegung, doch die Richtung ist nicht eindeutig festgelegt. Der vorliegende Karrierewegweiser richtet sich an Musiker und andere Kreative und Selbständige, die nicht nur ‚nach oben' wollen, denn er führt nicht zwangsläufig dort hin. Er leitet den Leser mit praktischen Übungen zunächst nach innen, zu sich selbst, um dem eigenen, ganz persönlichen Potenzial auf die Spur zu kommen. Hier erfahren wir, wofür unser Herz wirklich schlägt und was uns mit der Leidenschaft erfüllt, die das Musikerdasein verlangt.

Das ist der Ausgangspunkt, um eine Vision zu entwickeln, die sich an unseren Träumen orientiert. Jeder Leser definiert selbst, was Erfolg für ihn eigentlich bedeutet und wird schließlich dazu angeleitet, aus seiner Vision konkrete Ziele abzuleiten und ihre praktische Umsetzung zu planen.

Dieses Buch ist das Ergebnis eines solchen Prozesses. Als der Verlag Kontakt zu mir aufnahm, und mich fragte, ob ich ein Selbstmanagement-Buch für Musiker schreiben wolle, sagte ich sofort *„Ja"*. Ich musste einfach zusagen, denn ich hatte schon als Kind davon geträumt, Schriftstellerin zu sein. Dass ich irgendwann ein Buch schreiben würde, war immer klar und ich hatte auch schon Ideen dafür gesammelt. Während ich das tat, hatte ich noch nicht ahnen können, dass mal ein Verlag an mich herantreten würde. Das Buch war eine Vision gewesen, deren Umsetzung für mich recht plötzlich kam. Doch der Plan nahm schnell Gestalt an.

Ich interviewte knapp ein Dutzend professionelle Musikerinnen und Musiker, um ihre Erfahrungen in das Buch einfließen zu lassen. Diese Interviews machten mir unglaublich viel Spaß, und das wiederholte Abspielen der Aufnahmen trug mich durch die Durststrecken der Schreiberei hindurch. Das Projekt gab mir die Gelegenheit, meinem leidenschaftlichen Interesse für Musik und auch für die Menschen, die Musik machen, ausführlich nachzugehen.

Während des Schreibens wurde mir klar, dass ich hier auch meine eigene Geschichte erzählte. Um mich als Coach und Trainerin zu etablieren, hatte ich mich ähnlichen Herausforderungen stellen müssen, wie es eine Musikerin tun muss, um Profi zu werden. Als mir damals klar geworden war, dass es DAS war, was ich machen wollte, öffnete sich in mir die Tür zu meinem Potenzial. Dahinter verbarg sich eine unerschöpfliche Neugier, wirklich eine Gier, mehr auf diesem Gebiet zu lernen und meine Talente mit dem notwendigen Handwerkszeug auszubilden. Mein Umfeld reagierte durchwachsen. Meine Eltern und Schwiegereltern fanden das Thema im Prinzip auch interessant, hatten aber arge Bedenken bezüglich der Realisierbarkeit meiner Vorstellungen. In unserem Umfeld gab es auch keine geeigneten Vorbilder an kreativen und erfolgreichen Freiberuflern. So etwas konnte man machen, wenn man finanziell abgesichert war, aber man muss doch nicht als junger Mensch solche Risiken eingehen! Ich hatte schließlich eine solide Berufsausbildung und ein BWL-Studium absolviert, da standen mir doch andere Möglichkeiten offen. Wohlmeinende erfahrene Verwandte nahmen mich beiseite und klärten mich darüber auf, dass der Markt an Trainern gesättigt sei, und dass kaum noch Unternehmen, geschweige denn Privatleute Geld für Coaching ausgeben würden. Sie erzählten mir, wie hart das Geschäft sei, und dass eine solche Laufbahn gerade bei Frauen schnell mal einen ‚Boutiquencharakter' annehmen könne. Das sind Aussagen, die ich auch im Zusammenhang mit dem Musikbusiness immer wieder höre und die sehr entmutigend sein können. Noch dazu sind sie wahr!

Doch bei mir war innerlich etwas ‚eingerastet'. Ich wusste, was ich wollte und dieser Wille war so stark, dass diese Unkenrufe eher wie ein Ansporn auf mich wirkten. Ich konnte auch gar nicht mehr zurück. Die Klarheit meiner Vision und meines Potenzials übten einen Sog auf mich aus, dem ich mich nicht mehr entziehen konnte. Die Ideen sprudelten in einem fort und mit ihnen eine unbremsbare Energie, sie umzusetzen. Natürlich hatte ich auch immer wieder große Zweifel. Warum konnte ich nicht einen ‚normalen Beruf' ausüben? Wieso mutete ich es meinem Mann zu, dass ich so viel Energie in meine Projekte steckte und fast alles, was ich an Geld verdiente, gleich wieder in meine Weiterbildung oder in den Aufbau meiner Selbständigkeit investierte? Doch in ihm hatte und habe ich glücklicherweise meinen stärksten Unterstützer. Er prüft meine Pläne kritisch, aber er glaubt an mich und es macht ihn glücklich, mich wachsen zu sehen. Wenn ich von Zweifeln gebeutelt wurde, das geschah zu Beginn häufig, inzwischen fast gar nicht mehr, erinnerte mich mein Mann an meine Stärken und an meine Träume. Und er zählte mir meine bisherigen Erfolge und all die positiven Rückmeldungen auf, die ich schon bekommen hatte. Das ist eine gute Bedienungsanleitung für den Umgang mit zweifelnden Menschen. Und so ging ich meinen Weg. Ich fand eine Ausbildung, die endlich meine Stärken ausbaute und nicht vorwiegend Schwächen ausglich, die Ausbildung als CoreDynamik-Coach und -Trainerin. Ich knüpfte Kontakte zu Menschen in den Themenfeldern, die mir wirklich am Herzen lagen, und das waren und sind nicht nur der Wirtschaftskontext, sondern auch kreative Bereiche sowie die Gesundheit von Körper, Geist und Seele. Dort ging ich Schritt für Schritt und wuchs Zentimeter um Zentimeter in meine Vision hinein. Auf diesem Weg wurde ich unter anderem Dozentin für ‚Karrieresteuerung und Selbstmanagement' an der Hamburg School of Music. Und über deren Webseite kam schließlich der Kontakt mit Alexander Weber zustande, der eine Autorin für eben dieses Thema suchte.

Dieses Buch ist nun ein wahr gewordener Traum und das erfüllt mich zutiefst. Erfolg bedeutet für mich durchaus auch, dass ich mir durch meine Arbeit ein Leben nach meinen Bedürfnissen finanzieren kann. Vor allem aber bedeutet Erfolg für mich, dass ich meine Gedanken und Erkenntnisse in die Welt bringe. Mein Wunsch ist es, Menschen in Kontakt mit ihrem Kern zu bringen und in ihnen die Kraft zu wecken, ihr Leben so zu gestalten, wie es ihnen entspricht. Wenn der Leser in den folgenden Kapiteln auch nur **einen** Hinweis findet, der ihn auf diesem Weg bestärkt, ist das Buch aus meiner Sicht ein Erfolg.

Über dieses Buch

Die folgenden Kapitel stellen eine Art ‚Landkarte' vor, mit deren Hilfe jeder selbst seinen Karriereweg entwerfen kann. So geht es im ersten Kapitel darum, die persönliche Erfolgsdefinition zu formulieren. Damit bestimmen wir grundsätzlich das Terrain, auf dem wir uns bewegen wollen. Mit einem Blick in die eigene Biografie leitet Kapitel zwei dazu an, die ganz persönlichen Anlagen, wie Stärken, Träume und Interessen, zu einem Profil zusammenzustellen. Dieses Profil macht unsere natürliche Ausrichtung deutlich und es hilft uns, die Themenfelder zu erkennen, in denen wir unser Potenzial entfalten können. Um dafür die optimale Ausgangsbasis zu schaffen, schickt Kapitel drei mit einer Standortanalyse unsere Lebensbedingungen durch den TÜV. Wir identifizieren Kraftquellen und stellen fest, wie wir unsere Situation weiter verbessern können.

Mit diesen Voraussetzungen leitet Kapitel vier dazu an, eine Vision zu entwerfen, die von Herzen kommt, unseren Willen zu bündeln vermag und die uns gleichzeitig Antriebskraft und Orientierung für den Weg gibt. Doch um diesen Weg zu konkretisieren, brauchen wir realistische Ziele. Ein solches Ziel zu formulieren und mit Hilfe eines durchdachten Projektmanagements umzusetzen, ist der Inhalt von Kapitel fünf. Dabei ist vor allem die Aktivierung eines unterstützenden Netzwerkes von großer Bedeutung, wie auch ein nachhaltiges Kräftemanagement durch den Einbezug von Erholungspausen unterwegs und einer reizvollen Belohnung am Ziel. Ein solches Projekt ist immer ein Abenteuer und dementsprechend birgt es auch Risiken. Wir können damit rechnen, dass nicht immer alles nach Plan läuft und dass wir mit inneren Widerständen wie Zweifeln und Ängsten zu kämpfen haben werden. Ihnen ist Kapitel sechs gewidmet. Kapitel sieben will all die Analyse und Planung in den richtigen Kontext setzen und daran erinnern, dass das Leben in der Gegenwart stattfindet und nicht in einer Zukunft, die wir wohl mitgestalten, aber nicht vollständig planen können.

Dieses Arbeitsbuch ist eine wertvolle Ergänzung zu Selbstmanagement-Ratgebern, die Themen wie Promotion, Vertragsrecht oder Veranstaltungsorganisation behandeln. Genau genommen ist es die Grundlage für die optimale Nutzung jener Ratgeber, denn hier geht es darum, die eigene künstlerische und berufliche Identität zu finden, die man dann, zum Beispiel durch professionelle Promotion, wirkungsvoll nach Außen bringen kann.

Mein Ziel bei der Gestaltung des Buches war, dem Leser eine möglichst große Nutzungsvielfalt zu ermöglichen. Der übersichtliche modulare Aufbau erlaubt es, sich schnell einen Eindruck von der besprochenen Thematik zu verschaffen. Dazu dienen die einleitenden Texte und vor allem die eingerahmten Kernsätze sowie die Essenz am Ende eines jeden Kapitels. Im Anhang werden alle interviewten Profimusiker mit einer Kurzbiografie vorgestellt.

Auszüge aus den Interviews bilden in den einzelnen Kapiteln die Brücke aus der Theorie in die Praxis. Wer die vorgestellten Ansätze für sich selbst anwenden möchte, kann die entsprechenden Kernübungen bearbeiten. Als zusätzliches Angebot ermöglichen Vertiefungsübungen bedarfsweise einen profunderen Einstieg. Alle Übungen sind mit Beispielen aus meinen Workshops [1] versehen, um die Bearbeitung zu vereinfachen.

Zum Ausfüllen können als zusätzlicher Service die abgebildeten Arbeitsblätter aus dem Internet heruntergeladen werden (siehe hierzu auch Seite 2).

Es ist sehr bereichernd, sich die Zeit zu nehmen und das Buch vollständig zu bearbeiten, wenn der Bedarf nach einer grundsätzlichen Orientierung besteht. Alle Ansätze und Instrumente eignen sich außerdem dazu, nach einiger Zeit oder in einer veränderten Lebenssituation wiederholt zu werden, um die eigene Entwicklung zu verfolgen. Doch auch das lockere Durchblättern und Schmökern an interessanten Stellen kann wertvolle Gedankenanstöße und Einsichten liefern.

Eines ist mir nicht gelungen: Ich habe keine gut lesbare Möglichkeit gefunden, männliche *und* weibliche Schreibweisen zu verwenden. Es sind aber stets beide Geschlechter gemeint.

Weitere Informationen über meine Arbeit und die Möglichkeit zur Kontaktaufnahme befinden sich auf meiner Internetseite *www.goldenball.info.*

[1] Die Namen der meisten Workshopteilnehmer sind verändert, um den geschützten Raum des Seminars auch im Nachhinein zu bewahren.

Der goldene Weg ist die Landkarte des hier vorgestellten Ansatzes für Karrieresteuerung und Selbstmanagement. Die Elemente werden kapitelweise erklärt.

1 Erfolg im Musikbusiness

„Sei so, wie du bist, und alles wird dir zufallen."
(Laotse)

Wir alle wollen erfolgreich sein. Das bedeutet aber nicht, dass wir alle das Gleiche wollen. Das Zitat von Laotse zu Beginn sagt: „.... *und alles wird dir zufallen*". In dieses ‚alles' kann jeder das hineinlesen, was er möchte. Für manche bedeutet Erfolg Berühmtheit, Anerkennung und viele Fans. Für andere ist es Reichtum, und wieder andere wollen sich einfach nur voll und ganz ihrer Musik widmen können und empfinden das als Erfolg. Dies sind nur drei von unzähligen Möglichkeiten.

Wir alle richten unser Handeln mehr oder weniger bewusst darauf aus, dass wir Erfolg damit haben. Deshalb ist es wichtig zu wissen und zu überprüfen, was Erfolg für uns persönlich eigentlich bedeutet. Nehmen wir ein Bild: Angenommen, alle Maßnahmen, die wir ergreifen, um erfolgreich zu sein, sind der Versuch, eine Leiter (die Karriereleiter) hinaufzusteigen. Dann geht es jetzt erstmal darum, die Leiter an die richtige Mauer zu stellen!

Wie viele Menschen mühen sich jahrelang ab, um erfolgreich zu sein. Sie gehen Kompromisse ein und vernachlässigen die Dinge, die ihnen wichtig sind. In Ihrem Bestreben, die Leiter hinaufzusteigen, strengen sie sich an, investieren, schwitzen, geben alles, fallen, versuchen es wieder, bringen Opfer und setzen sich gegen andere durch. Und wenn sie ‚es' dann endlich geschafft haben, stellen sie fest, dass all das sie gar nicht glücklich macht. Sie stellen fest, dass die Leiter an der falschen Mauer stand und dass es da oben nichts gibt, für das sich dieses Kämpfen und Opfern gelohnt hätte. Deshalb muss diese Frage am Beginn stehen: **„Wonach strebst du? Was bedeutet für dich Erfolg?"**

1.1 Kernübung:
Meine persönliche Definition von Erfolg

Arbeitsschritte:

Schreibe deine persönliche Definition von Erfolg nieder. Der Umfang deiner Erfolgsdefinition ist dir überlassen. Beginne mit Sätzen wie:

- **Erfolg bedeutet für mich ...**
- **Erfolgreich bin ich, wenn ... geschieht.**
- **Ich bin erfolgreich, wenn ich ... kann.**
- **Ich bin erfolgreich, wenn ich ... bekomme.**
- **...**

Als Denkanstoß kann dir diese Liste von Erfolgskriterien dienen. Ich habe sie ungeordnet und bewertungsfrei aus den Brainstormings in meinen Workshops übernommen. Weiter unten kannst du lesen, wie Kaja und Ulf, zwei Workshopteilnehmer, Erfolg für sich definieren.

Mögliche Erfolgskriterien:
Ziele erreichen; Selbstverwirklichung; glücklich sein; überleben; finanzielle Unabhängigkeit; Ruhm; öffentliche Kritiken bekommen; Zufriedenheit; Zugang zu Privilegien; Möglichkeit zu helfen; Vorbild sein; neue Möglichkeiten; mir selbst treu sein; anderen helfen können; Einfluss auf die Gesellschaft nehmen können; über den roten Teppich laufen; ausgezeichnet werden / einen Preis bekommen; ein Promi sein; mit meiner Musik bekannt werden; mit großen Musikern spielen; tun können, was ich will und damit überleben; einen Manager haben; mit einer Band berühmt werden und lange zusammen sein; Musik und Familie gut unter einen Hut bekommen; öffentlich auf Missstände aufmerksam machen können; eine eigene CD produziert haben, von den Medien interviewt werden ...

Unsere persönlichen Definitionen von Erfolg unterscheiden sich so grundlegend voneinander, wie unsere Reisevorlieben oder unsere persönliche Art zu entspannen. Das wird auch an den Beispielen von Kaja und Ulf deutlich.

Beispiel Kaja

Kaja, eine junge Pianistin und Sängerin schrieb:

„Erfolg bedeutet für mich, dass ich weiterhin meine Gedanken und Gefühle durch meine Musik ausdrücken kann. Ich

bin erfolgreich, wenn ich von meiner Musik leben kann und dabei authentisch bleibe. Erfolgreich zu sein, bedeutet für mich, gehört und auch kritisiert zu werden. Ich möchte polarisieren.

Erfolgreich bin ich, wenn ich von Umweltorganisationen und anderen gesellschaftskritischen Gruppen für Großveranstaltungen angefragt werde, wenn ich mit meiner Musik dazu beitragen kann, dass wichtige Themen in der Öffentlichkeit Gehör finden.

Zum Erfolg gehört für mich auch, dass ich immer andere engagierte und talentierte Musiker um mich habe, mit denen ich Projekte mache und die gerne mit mir zusammenarbeiten."

Beispiel Ulf

Für Ulf, einen Bassisten, sieht Erfolg anders aus:

"Erfolg bedeutet für mich, dass man meinen Namen in der Szene kennt, dass ich ständig angerufen und für geile Gigs gebucht werde und richtig Kohle damit verdiene. So viel, dass ich gut davon leben und mir geniales Equipment kaufen kann. "

So unterschiedlich unser Verständnis von Erfolg auch ist, die Teilnehmer meiner Workshops sind sich in der Regel in einem Punkt einig: sie wollen authentisch bleiben und sich nicht verbiegen. Und das ist eine wichtige Grundvoraussetzung für nachhaltigen Erfolg. Nur wenn die Quelle unseres Erfolges in uns selbst liegt, können wir auf Dauer daraus schöpfen. Der Gegensatz dazu ist ein von außen aufgestülptes Erfolgskonzept. Wenn ein Musiker solch ein Konzept erfüllt, kann er damit ,groß rauskommen'.

Problematisch wird es dann allerdings, wenn sich das Konzept abnutzt, das Interesse der Öffentlichkeit daran erlischt. Wenn der Musiker dann nicht aus sich selbst heraus mehr und Neues bieten kann, vergeht der Ruhm so schnell, wie er kam; und damit auch die Unterstützung der Geldgeber, die zuvor den Weg geebnet hatten. Peer Frenzke sieht darin auch einen Grund für die kurzen Karrieren vieler Casting-Musiker. Einige davon mögen wirklich talentiert sein, sie haben aber oft noch kein eigenes Profil. Sie werden einem Marketingkonzept entsprechend ausgesucht und geformt, um dann über die Medienkanäle der breiten Masse verkauft zu werden. Ihr Job ist es, zu tun, was ihnen gesagt wird. So lange es bergauf geht, werden sie interviewt, in Shows eingeladen und gefeiert. Wenn dann aber die erste Welle verebbt ist, zeigt sich, ob Substanz hinter der Marketingfassade steckt. Jetzt müssen diese Musiker beweisen, dass mehr in ihnen steckt als das eine Programm. Oft verschwinden die ‚Superstars' an dieser Stelle wieder aus dem Rampenlicht.

Dieses Buch ist ein Wegweiser zu nachhaltigem Erfolg, der auf Authentizität beruht.

> **Kernsatz:** Nachhaltiger Erfolg erwächst aus der Entfaltung unseres persönlichen Potenzials. Unser Potenzial setzt sich aus drei Bestandteilen zusammen:
>
> - aus unseren individuellen Anlagen
> - unserer Vision und der Entschlossenheit, diese umzusetzen
> - und den förderlichen Rahmenbedingungen

Eine Zen-Geschichte verdeutlicht diese Definition von Potenzial. Ein Baum, so erzählt die Geschichte, wird von drei Kräften gleichzeitig erschaffen. Zum einen natürlich durch den Samen, der alle Anlagen des Baumes enthält und zu diesem heranwächst. Das ist offensichtlich. Aber da ist noch eine andere Kraft am Werk, nämlich die des künftigen Baumes. Diesen künftigen Baum drängt es so unbedingt in die Existenz, dass er den Samen ins Sein zieht. Durch seine Sehnsucht geleitet er den Sämling zur Entfaltung, ins Wachstum und in seine wahre Größe. Das ist die Kraft der Vision. Das Umfeld, als dritte Kraft neben Anlagen und Vision, beeinflusst das Gedeihen des Samens und des wachsenden Baumes. Wenn man den Begriff ‚Erfolg' auf diesen Samen oder den wachsenden Baum anwendet, ist er erfolgreich, wenn er sich zu dem Baum auswächst, der in ihm angelegt ist.

Für uns bedeutet Erfolg in diesem Sinne, dass wir unser Potenzial entfalten. Welche der oben aufgelisteten Erfolgskriterien dann zutreffen, ist von Person zu Person verschieden. Wie unterschiedlich Erfolg aussehen kann, illustrieren die Karrieren der Musiker, die ich für dieses Buch interviewt habe. Sie alle sind auf ihre Weise erfolgreich. Um nicht zuviel vorwegzunehmen, seien hier nur ein paar genannt:

Helge Zumdieck sieht man als Profi-Schlagzeuger an durchschnittlich 70 bis 100 Abenden im Jahr mit bekannten Künstlern auf der Bühne oder im Studio. Zugleich leitet er eine große Musikschule und Berufsfachschule für Musiker. Stephanie Hundertmark hat sich ihren Kindheitstraum verwirklicht, Sängerin zu werden. Gleichzeitig muss sie sich keine Sorgen um eventuelle schlechte

Auftragslagen machen, denn sie bestreitet ihren Lebensunterhalt mit einem festen Teilzeitjob.

Marcus Deml nimmt derzeit gar keine Engagements als Session- und Tourmusiker mehr an, egal, wie viel Geld das bringen würde. Er fokussiert seine ganze Kraft auf eigene Musikprojekte, allen voran auf seine Band ‚Errorhead'. Anna Depenbusch ist fest in der Hamburger Musikszene verankert und lebt seit Jahren von ihren Auftritten als Interpretin. 2005 aber veröffentlichte sie ihr eigenes Album. Texte und Musik stammen aus ihrer eigenen Feder, 100 % Anna.

Roger Cicero kann auf zwei besondere Erfolgsjahre zurückblicken. Schon viele, viele Jahre war er als freischaffender Profimusiker in der Szene bekannt und gern gebucht. Doch mit dem neuen Konzept, ‚Bigband, Swing und deutsche Texte', hat er den Durchbruch in der breiten Öffentlichkeit geschafft. Mit Gold und Platin ausgezeichnet, kennt er das Gefühl, von Fernsehkameras und Journalisten über den roten Teppich begleitet zu werden. Birdy Jessel lebt als alleinerziehende Mutter ausschließlich von ihren Auftritten als Profi-Saxophonistin. Und sie erfüllt sich ihren Jugendtraum, immer mehr als Sängerin auf der Bühne zu stehen.

Kolja Jebram verdient sein Geld nicht als Musiker. Als Inhaber und Geschäftsführer einer Eventagentur bildet er die Schnittstelle zwischen Künstlern und Auftraggebern aus Wirtschaft und Gesellschaft. Aber er hat das, wovon so mancher erfolgreicher Profimusiker zwischen all den Jobs träumt: seine eigene Band, mit der er zum Spaß musiziert und nicht zum Geld verdienen.

So unterschiedlich diese Musiker auch aufgestellt sein mögen, jeder von ihnen ist auf seine Weise erfolgreich. Und diese Beispiele sind nur ein kleiner Einblick in den riesigen Musikmarkt.

> **Kernsatz:** Das Musikbusiness bietet unendlich viele Möglichkeiten, erfolgreich zu sein. Und es ist ein knallhartes und risikobehaftetes Geschäft. Wer hier auf Dauer bestehen will, muss Musiker aus voller Leidenschaft sein, für den keine Alternative denkbar ist.

So hört man es immer wieder. Helge Zumdieck berichtet von den Aufnahmegesprächen an seiner Schule, wo talentierte Musiker eine zweijährige Ausbildung zum Profi absolvieren können. Er fragt die Bewerber, ob sie sich auch einen anderen Beruf vorstellen könnten oder ob noch ein anderes Studienfach für sie infrage käme. Wenn das der Fall ist, rät er ihnen von der Ausbildung zum Berufsmusiker ab. Um in diesem Business zu bestehen, brauche man einfach diesen Biss und diese Leidenschaft, so Helge. Tatsächlich trifft man unter Musikern viele, die stark ‚getrieben' sind, eine gesunde Portion Besessenheit scheint dazu zu gehören. Christopher von Deilen, alias Schiller, formuliert das so [1]:

„Der Antrieb kommt ja aus mir selbst. Der Antrieb ist nicht der Erfolg, sondern der Antrieb ist der Wille, Musik zu machen und sich über Musik auszudrücken und mitzuteilen. Das ist mein Leben. Ich kann nichts anderes machen, ich will auch nichts anderes machen. Und deswegen ist der Weg das Ziel."

Eine Platte wollte er machen, auf der irgendwo hinten ganz klein sein Name als Komponist zu lesen ist. 1994 wurde diese Platte veröffentlicht und entpuppte sich als Ladenhüter, ebenso wie die folgenden zehn. Doch Christopher von Deilen blieb dran. Irgendwann gab es anscheinend eine Überschneidung mit dem Publikumsgeschmack. Heute ist Schiller Plattenmillionär.

Diese Leidenschaft ist es, die die Nachteile des Profimusiker-Daseins aufwiegen kann. Ein Musiker arbeitet häufig, wenn alle anderen frei haben. Wer davon leben will, büßt einen erheblichen Teil seiner freien Zeitgestaltung ein, denn als Profi lehnt man ein Engagement nicht ab, weil man andere Pläne für den Abend hatte. Das machen nicht alle sozialen Kontakte auf Dauer mit. Bei jedem Gig vollprofessionell exzellente Leistung abzuliefern, ist Standard, denn man ist jederzeit durch einen anderen Profi ersetzbar. Und es gibt viele sehr gute Musikerinnen und Musiker. Das bedeutet Hochleistung auf Knopfdruck, während einer Tour manchmal Abend für Abend mit wenigen freien Tagen dazwischen. Neben seiner Hauptbeschäftigung, dem Musizieren, ist ein freischaffender Musiker auch ein selbständiger Unternehmer. Er muss sein Netzwerk pflegen, sich vermarkten, Verträge aushandeln, Finanzen planen und abrechnen, Steuertermine einhalten und privat für seine Altersvorsorge aufkommen. Wie jeder Unternehmer ist er den Risiken des freien Marktes ausgesetzt. Aufträge kommen häufig kurzfristig rein. Man weiß nie, wie viel Geld im nächsten Quartal in die Kasse fließen wird. Aus diesen Überlegungen heraus kam das Stichwort ‚überleben' auf die Liste der möglichen Erfolgskriterien.

Von der Musik leben zu können, ist bereits ein Erfolg, ja. Für manchen reicht es, sich voll seiner Leidenschaft widmen zu können und damit zu überleben. Gerade mit zunehmender Reife, wachsenden Fixkosten, der Bindung an einen Partner oder an eine eigene Familie mit Kindern, wird es allerdings wichtig, zuverlässige Einnahmequellen zu haben. Daher sind die meisten Musiker mehrgleisig aufgestellt. Uwe Seemann gibt neben seinen Aktivitäten als Bassist, Gitarrist und Sänger auch Unterricht und Bandcoachings. Zusätzlich arbeitet er als Veranstaltungstechniker. Diese verschiedenen Standbeine sind zum einen in der Notwendigkeit begründet, sich und seine Familie zu ernähren. Andererseits entspringen alle diese Tätigkeiten seinen Talenten und Interessen und er würde keine davon aufgeben wollen. Vor seiner Ausbildung zum Veranstaltungstechniker hatte er beliebige Jobs, wie Flugzeugaußenreiniger oder LKW-Fahrer, angenommen, um Flauten im Musikgeschäft zu überbrücken. Wenn man jung ist, kann das sogar seinen Reiz haben, denn ‚man tut es ja für seine Kunst'. Langfristig aber ist es ein gutes Gefühl, mit anspruchsvolleren Tätigkeiten Geld zu verdienen.

Kernsatz: Für einen freischaffenden Musiker gibt es keine Erfolgsgarantie. Um das Überleben zu sichern, erschließen sich viele Musiker mehrere Einnahmequellen. Neben dem musikalischen Können ist es daher wertvoll, auch andere Stärken und Interessen auszubauen und professionell einzusetzen.

Abbildung 1.1: Mit unserer persönlichen Erfolgsdefinition bestimmen wir bildhaft betrachtet das Terrain für unsere Laufbahn.

Diese Gedanken sind eine Einstimmung auf das Buch. Mit deinen Überlegungen, was Erfolg für dich persönlich bedeutet, hast du zunächst das Terrain bestimmt, auf dem du deine Karriere aufbauen und verfolgen willst. In einer Entdeckungsreise zu deinen Anlagen stellst du im nächsten Kapitel dein persönliches Profil zusammen und erkennst damit deine natürliche Ausrichtung im Leben.

Essenz des Kapitels ‚Erfolg im Musikbusiness':

▶ Jeder hat eine eigene Definition von Erfolg.

▶ Erfolg kann nur nachhaltig sein, wenn wir aus unserem persönlichen Potenzial schöpfen.

▶ Unser Potenzial setzt sich aus unseren Anlagen, unserer Vision und unserem Umfeld zusammen.

▶ Eine Erfolgsgarantie gibt es nicht. Viele Musiker bauen daher mehrere Einkommensquellen auf.

[1] Schiller: Sehnsucht. DVD, Universal Music Group 2008

2 Das Profil als Wegweiser zum Erfolg

„Es gibt ein Leben, das in dir angelegt ist. Niemand anderes könnte dieses Leben so leben wie du. Dieses Leben ist deine Bestimmung." (nach Joseph Campbell)

Dieses Leben, von dem Joseph Campbell spricht, ist in uns angelegt in Form unseres Potenzials. Die meisten Musiker haben schon als Kind eine starke Resonanz auf Musik gezeigt. Da zeigen sich die ersten Anlagen, wie zum Beispiel Interessen und Talent. Diesen wollen wir hier noch feiner auf die Spur kommen. Es geht darum herauszufinden, was für ein einzigartiges Potenzial in uns liegt und wie wir es entfalten können.

In diesem Kapitel nähern wir uns der Antwort über unsere Anlagen. Über die Stärken und Wünsche, die uns zum Teil in die Wiege gelegt wurden. Andere wiederum haben wir uns über die Jahre angeeignet. Bezogen auf die Zen-Geschichte im ersten Kapitel, schauen wir uns hier den Samen und den heranwachsenden Baum an.

Abbildung 2.1: Unsere Anlagen sind der Wegweiser zu dem Erfolg, den wir uns wünschen.

Eine Schwierigkeit dabei ist, dass wir nur Merkmale wahrnehmen können, die im Rahmen unserer Vorstellung liegen. Es kann sein, dass in uns ein Potenzial angelegt ist, das unsere bisherige Vorstellungskraft übersteigt. Damit liegt es außerhalb unseres derzeitigen Möglichkeitenraumes. Um diesen Teil unseres Potenzials erkennen zu können, müssen wir uns daher zunächst unseres Möglichkeitenraumes bewusst werden. Dann haben wir auch die Chance, über unsere Grenzen hinauszuschauen und zu entdecken, was da bis jetzt noch unerkannt schlummert.

2.1 Der Möglichkeitenraum

„Ich habe festgestellt, dass es unendlich viel Energie kostet, nicht kreativ zu sein." (Michael Schiffer)

Eine Eichel ist dazu bestimmt, zu einer Eiche heranzuwachsen und nicht zu einer Tulpe. In diesem Punkt haben es Pflanzen und Tiere einfacher als wir. Ein Löwenbaby überlegt nicht, ob es ein Löwe werden will, wie Mama und Papa, oder doch lieber eine Ente. Bei uns ist das anders. Wir haben unwahrscheinlich viele Möglichkeiten allein bei unserer beruflichen Orientierung: vom Schreiner über die Bankkauffrau und den Piloten bis hin zur Musikerin. Und innerhalb des Musikbereiches geht es weiter: Interpret oder Singer/Songwriter, Rock oder Jazz, kommerzielle oder puristische Musik – die Möglichkeiten sind vielfältig und vielschichtig. Aber auch bei uns Menschen ist die Entscheidung für einen Berufsweg sehr stark durch unsere Eltern und Bezugspersonen beeinflusst. Sie haben durch ihre Erziehung und ihr Vorbild unser Denken und unser Können geprägt. Wir wachsen in einem Möglichkeitenraum auf, der von unserem Umfeld bestimmt ist.

> **Kernsatz:** ‚Möglichkeitenraum' ist ein abstrakter Begriff. Wir können uns bildhaft vorstellen, dass er all die Möglichkeiten umfasst, die wir tatsächlich haben und darüber hinaus all jene, die wir uns vorstellen können. Die Grenzen unseres Möglichkeitenraumes sind auch die Grenzen unserer Entwicklungsfähigkeit.

Unser individueller Möglichkeitenraum ist auf drei verschiedene Arten begrenzt. Zum einen durch reale äußere Barrieren und zum anderen durch unsere Leistungsgrenzen. Die dritte Grenze ist unser eingeschränktes Vorstellungsvermögen. Manche Dinge können wir uns nicht vorstellen, weil wir noch nie etwas davon gehört haben. Sie entziehen sich schlicht und ergreifend unserer Kenntnis. Andere Dinge können wir uns nicht vorstellen, weil wir gelernt haben oder schon mal die Erfahrung gemacht haben, dass so etwas unmöglich ist. Es handelt sich hierbei um Konzepte, um gespeicherte Schlussfolgerungen. Doch diese Konzepte müssen nicht dauerhaft und immer der Realität entsprechen. Wenn wir Konzepte überprüfen, die unseren Horizont einschränken, vergrößert sich unser Möglichkeitenraum meist erheblich.

Ein Beispiel macht das abstrakte Bild des Möglichkeitenraumes besser verständlich. Früher bestimmten unsere Eltern, was für uns möglich war und was nicht, zum Beispiel in Form eines Gitterbettchens. Das kleine Kind ist darin sicher aufgehoben. Es kann des Nachts nicht herumlaufen und dabei möglicherweise die Treppe herunterfallen. Das Gitter ist die erste von den oben genannten, die reale Grenze seines Möglichkeitenraumes. Aber nur so lange, bis es in der Lage ist, über das Gitter hinüberzuklettern. Wenn es das gelernt hat, ist es über seine vorige Leistungsgrenze (zweite Grenze) hinausgewachsen und kann dadurch die reale Begrenzung überwinden. Allerdings erst dann, wenn es auch die dritte Grenze überwindet, indem es überhaupt auf die Idee kommt, das Bettchen zu verlassen. Dafür muss das kleine Kind erstmal realisiert haben, dass hinter den Gittern seines Bettchens eine ganze Welt zu entdecken ist. Und dass es sich selbst dort hinbewegen kann. Dann wird es das Konzept aufgeben, dass das Gitter die Grenzen seiner Bewegungsfreiheit, seines Möglichkeitenraumes markiert.

Das Bild des Möglichkeitenraumes und seiner Grenzen ist auch auf Musiker übertragbar. Ein Mitglied der Beatles kann heute niemand mehr werden, weil es die Band ‚Beatles' nicht mehr gibt. Das ist eine reale Grenze. Die zweite Grenze, unsere Leistungsfähigkeit, ist von unseren Anlagen und unserer Ausbildung geprägt. Mit einem Instrument aufzuwachsen ist eine andere Ausgangsbasis, als erst im Erwachsenenalter damit zu beginnen. Und hier kommen wieder unsere Bezugspersonen ins Spiel. Eine Mutter kann das Talent ihres Kindes nur fördern, wenn sie es als eine Begabung erkennt! Und wenn sie einen Weg findet und möglich machen kann (dritte Grenze), ihr Kind zu fördern oder fördern zu lassen. Damit prägt der Möglichkeitenraum unserer Eltern auch unseren eigenen. Dies sind die förderlichen oder weniger förderlichen Rahmenbedingungen, die beeinflussen, wie weit sich unser Potenzial in Kindheit und Jugend bereits entfalten konnte. Eltern werden ihr Kind nur dann bei der Ausübung seiner Interessen unterstützen, wenn sie selbst an den Sinn glauben. Sie werden ihrer Tochter nur dann eine Gitarre und den Unterricht finanzieren, wenn sie daran glauben, dass das gut für sie ist. Und mit diesen Vorstellungen haben sie auch unsere Einstellungen geprägt. In unserem Denken sind möglicherweise Sätze fest verankert, wie etwa: *„Das ist nichts für dich."* Oder auch: *„Als Künstler kann man nicht überleben."* Solche Sätze schränken unsere Entfaltung ein – zumindest so lange, bis wir sie hinterfragen.

In der Pubertät lösen wir uns von den Grenzen, die unsere Eltern uns gesetzt haben. Wir suchen unsere eigenen Wege, wir rebellieren. Als Erwachsene sind wir selbst verantwortlich für unseren Möglichkeitenraum. Und dennoch bleiben viele Begrenzungen bestehen, wenn sie unbewusst bleiben und nicht hinterfragt werden. Begabungen schlummern in vergessenen Schubladen, auf denen ‚nutzlos' oder ‚falsch' geschrieben steht. Nicht ausgelebte Interessen und Träume begegnen uns gelegentlich in Form von tiefer Sehnsucht. Doch diese schlummernden Begabungen und diese nicht ausgelebten Interessen sind Teile unserer Anlagen! Manche Anlagen haben wir ausgebildet und leben sie tagtäglich. Andere hatten keinen Entfaltungsraum und sind nicht genährt oder sogar unterdrückt worden. Sie sind aber noch immer in uns, sie sind Teil unseres Potenzials und es kostet uns Kraft, sie zu blockieren. Ich bin fest davon überzeugt, dass uns durch unterdrückte Anlagen nicht nur die Energie und Lebensfreude verloren geht, die wir durch sie zur Verfügung hätten, sondern dass es uns zusätzlich noch Kraft kostet, sie zu unterdrücken.

Auf der anderen Seite haben wir uns aus Gründen der Vernunft angestrengt, um uns Fähigkeiten anzueignen, die uns überhaupt nicht entsprechen. In diesen Bereichen tätig zu sein, kostet uns viel Energie und es fällt uns schwer, dort erfolgreich zu sein. Jeder kennt das aus der Schulzeit. Wir alle genießen in etwa die gleiche Allgemeinbildung, die natürlich nicht auf die individuellen Fähigkeiten und Interessen eines jeden Kindes zugeschnitten ist. Einem Sprachtalent macht der Französischunterricht Spaß, die Zeit vergeht wie im Fluge und das Lernen geht fast von selbst (vorausgesetzt, das Verhältnis zu dem Lehrer ist in Ordnung). Wer keine Begabung für Sprachen hat und sich nicht dafür interessiert, der langweilt und quält sich und kommt dennoch auf keinen grünen Zweig. Leider wählen viele Menschen auch ihren Beruf weniger nach ihren Talenten und Interessen, sondern primär nach rationalen Überlegungen. Der Grund dafür liegt in einem begrenzten Möglichkeitenraum. Reale ‚Sachzwänge' spielen da ebenso eine Rolle, wie Leistungsgrenzen und mangelnde Kenntnisse der Möglichkeiten, beziehungsweise ein begrenztes Vorstellungsvermögen.

Jeder von uns hat ein einzigartiges Profil von Anlagen. Wenn wir uns das bewusst machen, verändert es unseren Möglichkeitenraum. Wir überprüfen seine Grenzen. Solche die passen, behalten wir bei. Unsere Leistungsgrenzen können wir nach oben ausweiten, indem wir uns selbst fördern und fordern, um uns weiterzuentwickeln. Die Grenzen unserer Vorstellungskraft können wir Schritt für Schritt ausweiten, indem wir an Selbstvertrauen gewinnen und unseren Horizont erweitern. Und wir setzen neue Grenzen. Wir lassen uns nicht mehr so leicht auf Vorhaben ein, die uns schwächen und auslaugen. So gewinnt unser Möglichkeitenraum immer mehr die Form und Größe, die uns passt. Maßgeschneidert.

Die Geschichte von Petra Thelen illustriert sehr schön, wie sich ein Leben verändern kann, wenn wir unsere natürlichen Anlagen erkennen und uns auf ihre Entfaltung ausrichten. Als sie ein kleines Mädchen war, stand Petra stundenlang vor dem Spiegel und sang in ihre Haarbürste. Ein Handtuch um den Kopf gab ihr das Gefühl, langes, wallendes Haar zu haben und sie schüttelte es hingebungsvoll. Sie träumte davon, Schauspielerin oder Sängerin zu sein und diese Sehnsucht nach einer Form des künstlerischen Ausdrucks begleitete sie bis ins Erwachsenenalter. Schließlich war es aber ein Traum in der Nacht, der sie auf den richtigen Weg brachte. Petra verdiente zu diesem Zeitpunkt ihren Lebensunterhalt als Altenpflegerin. Gleichzeitig suchte sie nach Möglichkeiten, ihre künstlerische Seite zu leben. Als Tänzerin war sie mit ihren 24 Jahren kurz zuvor als ‚zu alt' abgelehnt worden.

Da kam eines Nachts im Schlaf dieser Traum: *„Ich hatte einen Traum, in dem ich Saxophon gespielt habe. Und wirklich so was von schön! Ich stand in einem Lichtkegel und habe gespielt!"* Als Petra mir im Interview davon erzählte, strahlten ihre Augen. Ich selbst bekam eine Gänsehaut. *„Ich dachte"*, so sprach sie weiter, *„wenn du das so träumen kannst, dann kannst du das auch lernen! Daraufhin habe ich mir sofort am anderen Tag einen Lehrer gesucht und ein Saxophon gekauft. Zunächst ging es gar nicht darum, ein Profi zu werden."*

Petra hatte zuvor noch nie Saxophon gespielt. Sie sah darin lediglich einen Freizeitausgleich zu ihrem Beruf, der sie nicht erfüllte. Doch sie übte gleich von Anfang an aus eigenem Antrieb jeden Tag mehrere Stunden lang. Ihre musikalische Vorbildung beschränkte sich bis dato auf Blockflötenunterricht in der musikalischen Früherziehung und auf das spielerische Klimpern auf dem väterlichen Klavier. Ihre musikalische Begabung war nicht erkannt und nicht gefördert worden, aber immer spürbar gewesen. Als sie nach Hamburg gekommen war, ging sie häufig in Klavierkonzerte. Da war sie immer wieder so gerührt, dass sie ‚Rotz und Wasser heulen' musste. Diese starke emotionale Resonanz kannte sie schon aus ihrer Kindheit. Das Klavierspiel ihres Vaters hatte sie auch immer sehr stark berührt. Mit 24 Jahren nahm sie nun ihren nächtlichen Traum ernst und gönnte sich und ihrer Liebe zur Musik eine Chance. *„Es war alles da. Ich hatte den Mut, die Kreativität und die Lust, einfach anzufangen."*

Heute, fast 20 Jahre später, ist sie Profisaxophonistin. Wie kam es nun dazu?

Ungefähr drei Jahre nach dem Einzug des Saxophons in Petras Leben, schlug ihr eine Freundin vor, sie solle doch Saxophon unterrichten. Die Vorstellung erschien ihr zunächst befremdlich, schließlich spielte sie erst seit drei Jahren. Doch sie beschäftigte sich mit der Idee. Sie fragte sich: *„Was hat mir im Unterricht immer gefehlt? Das kann ich ja vielleicht weitergeben, denn das wird auch anderen fehlen."* Sie kam zu dem Ergebnis, dass es eindeutig an weiblichen Saxophonlehrerinnen fehlte und entschloss sich, Unterricht für junge Frauen zu geben. Petra fühlte sich zu den Themen Kunst, Pädagogik und Heilung hingezogen. Seit ihrem 17. Lebensjahr hatte sie sich dafür interessiert und damit beschäftigt. Aus diesen Bausteinen entwickelte sie ein eigenes pädagogisches Konzept. Dann setzte sie eine Annonce auf. Nach einem halben Jahr unterrichtete Petra zwanzig Schülerinnen. Gleichzeitig arbeitete sie an ihrem musikalischen Können und übte zeitweise sechs bis sieben Stunden am Tag. Nach ihrer Berufung gefragt, sagt sie: *„Als Lehrerin möchte ich Menschen zu innerem Wachstum verhelfen und sie dabei unterstützen, ihre Erfahrungen über Musik auszudrücken. Wenn ich als Künstlerin gebucht werde, bringe ich nicht nur Technik sondern auch Stimmung in den Raum. Durch das Spüren meiner eigenen Berufung bin ich gewachsen und konnte viel leisten."*

Das Spüren der inneren Bestimmung, Disziplin und das Beherrschen des Instrumentes sind wichtige Bausteine für eine erfolgreiche Musikerkarriere. Petra Thelen gab ihrer Vision zusätzlich die notwendige solide Basis. Als sie sich für die Selbstständigkeit als Musikerin entschied, absolvierte sie eine dreieinhalbjährige Ausbildung zur Unternehmerin. Darauf folgte eine mehrjährige Ausbildung als Coach und Therapeutin, um ihr Unterrichtskonzept zu vertiefen.

Von dem Augenblick an, als sie ihren Traum ernst nahm, begann sich ihr Möglichkeitenraum tiefgreifend zu verändern. Indem sie sich zutraute, Saxophon spielen zu erlernen, erweiterte sie die Grenzen ihrer Vorstellungskraft. Durch intensives Üben erweiterte sie ihr Können, sie veränderte ihre Leistungsgrenzen. Die Kraft und den Mut dazu zog sie aus ihrer so lang verspürten Sehnsucht nach dem künstlerischen Ausdruck.

2.2 Unser Profil von Anlagen

„Dem Leben einen Sinn geben heißt, die eigene Begabung,
die eigene Kraft, das eigene Wissen als positive Kraftquelle
für das eigene Leben zielgerichtet einzusetzen."
(Victor Frankl)

Unsere Anlagen bestimmen, ob wir uns besser zum Löwen oder zum Wolf eignen. Ein Löwe, der versucht, ein guter Wolf zu sein, macht sich das Leben zwangsläufig schwer. Übertragen heißt das, dass wir in einem Beruf nur dann dauerhaft gut sein können, wenn er unserem Profil von Anlagen entspricht. Wir sind in einem Umfeld nur dann langfristig glücklich, wenn wir unsere Anlagen dort entfalten können.

> **Kernsatz:** Das Profil ist eine übersichtliche Darstellung unserer relevanten persönlichen Merkmale. Deines zu kennen, hilft dir:
>
> ▸ deinen Möglichkeitenraum zu erkennen, zu erweitern und zu gestalten;
>
> ▸ deinen Platz im Leben und im Musikbusiness zu finden, an dem du dich ‚richtig' fühlst und erfolgreich sein kannst;
>
> ▸ dich selbstbewusst zu präsentieren und für dich und deine Musik zu werben.
>
> Dein Profil ist der Wegweiser zu dem Erfolg, der dir entspricht.

Als Musiker ist deine Person zu einem hohen Grad Teil deines Produktes, von dem du lebst. Da gibt es natürlich Abstufungen. Die charismatische Frontfrau, die live ihre eigenen Songs performt, auf der Bühne alles von sich gibt und das Publikum auf einen rauschenden Gefühlsparcour mitnimmt, zeigt sehr viel von sich. Sie ist als Person sichtbarer als beispielsweise ein Drummer, der zur festen Besetzung einer Galaband gehört und dort zuverlässig und mit großem Können das trommelt, was der Kunde gebucht hat. Diese beiden könnten ihre Rollen nicht ohne weiteres tauschen und auf Dauer damit glücklich sein, weil ganz unterschiedliche Talente und Neigungen dazugehören, um das eine oder das andere zu wollen und auch leisten zu können.

Als selbständiger Musiker kommst du immer wieder in die Situation, dich und deine Musik vorzustellen und dafür zu werben, z.B.

Bands gegenüber, bei denen du einsteigen willst oder bei Veranstaltern, die du für einen Gig gewinnen möchtest. Wenn du eine eigene Webseite aufsetzt, willst du dich als Musiker dort möglichst treffend charakterisieren. Und um einen Plattenvertrag zu erlangen, muss dich dein Promotionsmaterial überzeugend darstellen. Dafür ist dein Profil eine sehr gute Basis.

Kernsatz: Unser Profil [1] setzt sich aus unseren Anlagen zusammen. Diese Anlagen sind:

- unsere Stärken
  (Erfahrungen, Begabungen und Know-How);

- unsere Interessen;

- unsere Träume;

- unsere Persönlichkeit und

- unsere Berufung.

Unter **Stärken** fallen drei Unterpunkte: Erfahrungen, Begabungen und Know-How. Erfahrungen geben uns Sicherheit: auf dem Terrain kennen wir uns aus, da können wir sicher auftreten. Wenn du dich von Kindesbeinen an auf der Bühne tummelst, betrittst du diese Bretter mit großer Selbstverständlichkeit. Anders als jemand, der vielleicht Noten eher lesen konnte als Buchstaben, aber noch nie mehr als die weiteren acht Schüler seiner Klavierlehrerin als Publikum hatte. Petra Thelen hatte Erfahrungen mit den verschiedensten Formen künstlerischen Ausdrucks. Von Theater bis Tanz hatte sie alles Mögliche ausprobiert. Unsere Begabungen ermöglichen es uns, Dinge mit großer Leichtigkeit zu erlernen und auszuführen, wie zum Beispiel ganz selbstverständlich Melodien und Harmonien herauszuhören oder geradezu spielerisch mit dem Musikprogramm eines Computers umgehen zu können. Eine Begabung gibt uns die Leichtigkeit im Erlernen. Und sie bestimmt das Ausmaß der Entwicklung, die möglich ist. Ohne ihre Begabung hätte Petra es kaum geschafft, mit einem Instrument erfolgreich zu sein, das sie erst im Erwachsenenalter entdeckt hat. Um zu lernen und uns zu entwickeln, müssen wir uns aber auch Wissen, Handwerkszeug und Routine aneignen. Dieses Know-How erwerben wir durch Lernen, Ausprobieren und Üben, Üben, Üben. Bei den Musikerinnen und Musikern, die ich interviewt habe, betrug die Übungszeit in verschiedenen Phasen ihres Lebens eine bis zwölf Stunden pro Tag.

Wenn uns etwas wirklich interessiert, können wir Stunden und Tage, Wochen und Monate damit verbringen. Wir können uns richtig hineinversenken, ohne dass wir die Lust daran verlieren. Diese **Interessen** bringen eine Saite in uns zum Klingen. Sie rufen Resonanz in uns hervor und vermögen, unsere Aufmerksamkeit vollkommen zu fesseln, was für unser Umfeld manchmal schwer nachvollziebar ist. Das kann das stundenlange Hören und Vergleichen der Aufnahmen von Gitarrengrößen aus den 1970ern sein. Es kann aber auch der Besuch jedes einzelnen Festivals sein, das irgendwie in Reichweite liegt. Wenn Petra Thelen nach einem langen Tag des Unterrichtens oder nach einem Auftritt nach Hause kommt, hört und erforscht sie Musik in ihrer Freizeit. Sie hatte früher noch nicht bewusst realisiert, dass die Musik so eine große Leidenschaft von ihr ist. Doch da war diese tiefe Sehnsucht, diese starke Reaktion, wann immer sie damit in Kontakt kam. Hinzu kommt ihre intensive Beschäftigung mit pädagogischen und therapeutischen Ansätzen, die sie als Lehrerin ausmachen. In solchen Interessensgebieten eignen wir uns schon aus reiner Freude an der Sache über die Jahre einen großen Wissens- und Erfahrungsschatz an.

Unsere **Träume** können wir als Varianten eines Lebens ansehen, das in unserem Unterbewusstsein oder in unserer Phantasie existiert, eines Lebens, das in uns angelegt ist. Hermann Hesse drückte das so aus: *„Niemand träumt, was ihn nicht angeht."* Unzählige kleine Mädchen standen vor dem Spiegel und sangen in ihre Haarbürsten. Aber nicht nur Träume aus Kindertagen sind Spuren zu unseren Anlagen. Bei Petra Thelen war es ein nächtlicher Traum, der sie auf die richtige Fährte setzte. Auch Tagträume können wir wie Botschaften eines Potenzials verstehen, das in uns steckt. Da hat vielleicht jemand das Hirngespinst, nur mit einem Schlagzeug das Publikum eine ganze Stunde lang zu fesseln und zu unterhalten. Er hält das für eine Utopie. Wenn er aber dennoch Nachforschungen anstellt, wird er herausfinden, dass es Drummer gibt, die dies tatsächlich mit großem Erfolg tun. Damit kann dieser Traum mit einem Mal von der Utopie in seinen Möglichkeitenraum rücken.

Ob und wie jemand seine Träume in die Hand nimmt, hat viel mit der **Persönlichkeit** zu tun. Unsere persönlichen Eigenschaften bestimmen unser Verhalten und unsere Wirkung auf andere. Die charismatische Frontfrau und der Drummer mit dem verlässlichen Groove haben ganz unterschiedliche Persönlichkeiten. Lassen wir uns mal auf diese etwas klischeehaften Charaktere ein: Stellen wir uns die Sängerin als extrovertiert, dominant und spontan vor und den Schlagzeuger als beständig, präzise und unterstützend. Dabei muss uns bewusst sein, dass jede Sängerin und jeder Schlagzeuger natürlich eine vollkommen individuelle Persönlichkeit haben. Je nach ihrer Art, blühen sie in verschiedenen Kontexten besonders auf. Petra Thelen fühlt sich wohl als Solokünstlerin, sie will gesehen werden. Gleichzeitig genießt sie es, ihre Sensibilität einzusetzen und sich mit ihrem Spiel auf die Atmosphäre im Raum einzulassen.

Was uns ebenfalls aufblühen lässt, ist das Gefühl, etwas Gutes zu tun, was uns einen Sinn spüren lässt. Die Suche nach dem Sinn führt zur **Berufung**. Damit ist hier die Art und Weise gemeint, wie wir Spuren in der Welt hinterlassen wollen. Wie wir sie bereichern, verschönern oder einfach verändern wollen. Dafür muss man nicht Mutter Theresa oder Bono heißen. Zum Weltfrieden beitragen, beginnt schon mit einem Lächeln, das von Herzen kommt, zum Beispiel an der Supermarktkasse. Oder mit einem Menschen, den deine Musik auf dem Heimweg von einem stressigen Arbeitstag von seinen trüben Gedanken ablenkt und der durch lautes Mitsingen wieder gute Laune bekommt. Musik berührt uns und kann uns tief bewegen. Das ist ein wundervolles und sehr machtvolles Mittel, um die Welt zu beeinflussen.

> **Kernsatz:** Wenn wir unser Leben so gestalten, dass die Aspekte unseres Profils mehr und mehr Raum und Ausdruck finden, wächst auch unser Zugang zu unserer Energie und Kreativität. Unser Potenzial kann sich entfalten. Die Dinge, die wir tun, verschaffen uns große Befriedigung. Und der Erfolg – so wie wir ihn individuell verstehen – kommt fast von selbst.

2.3 Kernübung:
Mein Weg bis hierher

Unsere eigenen Stärken, Träume und Interessen zu benennen, fällt uns nicht leicht, von unserer Persönlichkeit oder einer Berufung mal ganz abgesehen. Unsere Anlagen sind uns so selbstverständlich, dass sie uns auf Anhieb gar nicht unbedingt auf-, geschweige denn einfallen. Sie sind uns nicht immer bewusst, doch wir können unseren eigenen Fußspuren in die Vergangenheit folgen, um mehr über uns zu erfahren. Es ist alles da, wenn auch manches

Abbildung 2.2: Die systematische Erforschung unserer Biografie bringt unsere Stärken, Interessen, Träume, unsere Persönlichkeit und unsere Berufung zum Vorschein.

vergraben. Es bedarf der Spurensuche und der ‚archäologischen Ausgrabung', diese Anlagen freizulegen. Unser ‚Weg bis hierher' ist wie eine Landkarte unseres Lebens, die uns zeigt, wo wir graben können.

Für diese Übung kannst du dir das **Arbeitsblatt 2.1** (siehe Seite 52) aus dem Internet herunterladen und verwenden oder deinen eigenen ‚Weg bis hierher' kreativ gestalten. Die größte Ausführung, die ich bis jetzt gesehen habe, war eine 10 Meter lange bemalte Tapete mit Fotos und Schlüsselsätzen. So umfangreich muss es nicht sein, aber wenn du die Möglichkeit und die Muße hast, empfehle ich dir, deinen Weg mit Liebe nachzuzeichnen. Es ist eine spannende Angelegenheit, die Vergangenheit ‚aufzurollen' und auf die Entdeckungsreise nach dir selbst zu gehen. Du entscheidest, wie oberflächlich oder wie genau du die Übung machen willst.

Arbeitsschritte:

▶ Definiere fünf bis zehn wichtige Lebensabschnitte. Diese sind in der Regel durch äußere Umstände gekennzeichnet, wie zum Beispiel: Grundschule, Gymnasium, Umzug nach Osnabrück: weitere vier Jahre Schule, Auslandsjahr, Zivildienst, Beziehung mit Helen,...

▶ Trage die Bezeichnung der Lebensabschnitte in die oberste Zeile deines Arbeitsblattes ein. Das ist die Zeitachse. Das Arbeitsblatt reicht für fünf Lebensabschnitte. Wenn du mehr als fünf Lebensabschnitte definierst, kannst du auch zwei Arbeitsblätter ausfüllen.

Arbeitsblatt 2.1 Mein Weg bis hierher

Bezeichnung des Lebensabschnittes					
Alter					
Anker					
Erinnerungen an die familiäre Situation und Partnerschaft					
Erinnerungen an die Wohnsituation					
Erinnerungen an Schule / Arbeit / Hauptbeschäftigung					
Erinnerungen an Freunde / Kollegen					
Erinnerungen an Freizeitbeschäftigung					
Einschneidende Erlebnisse					

Wenn du kreativer arbeiten möchtest, kannst du eine Papierrolle oder ein großes Blatt nutzen. Du kannst auch mehrere Blätter aneinanderkleben. Markiere und benenne dann darauf die fünf bis zehn Lebensabschnitte.

▸ In die zweite Zeile schreibst du dein Alter in den entsprechenden Lebensphasen.

▸ Die dritte Zeile ist für den Anker reserviert. Das soll eine angenehme, möglichst sinnliche Erinnerung aus der jeweiligen Zeit sein. Also eine Erinnerung, mit der du einen Geruch verbindest oder einen Ton, eine Melodie, einen Geschmack, ein Bild oder ein Gefühl auf der Haut.

Hier zwei Beispiele für Anker:

1. *„Das Geräusch und der Duft der Kaffeemaschine meiner Oma, während ich als Kind bei ihr auf der Küchenbank sitze und ein Brot, dick mit Nutella bestrichen, so genussvoll langsam auf meinen Mund zu bewege, dass ich anfange zu schielen und meine Oma über mich lacht, weil ich das immer so mache, wenn ich bei ihr frühstücke.“*

2. *„Der Schulgong, der immer nur den ersten Teil der Big Ben-Melodie tönt. Woraufhin ich mehrmals täglich, über Jahre hinweg, genervt den zweiten Teil selbst nachsingen muss. Ich muss dann jedes Mal an die Geschichte über Mozarts Papa denken, der nachts aufgestanden ist, um den Septakkord aufzulösen, mit dem sein Sohn abends das Klavierspiel beendet hatte.“*

Beispiel 2.1 Mein Weg bis hierher: Jenny

Bezeichnung des Lebensabschnittes	Braunschweig	Köln	Reisen	Buchhandlung	Ausbildung
Alter	0 - 11	11 - 19	19 - 20	20 - 23	23 - jetzt
Anker	Im Winter im Schnee auf einer Plastiktüt sitzend den Hang runter zum Schulbus rutschen.	Schulgong	Singen mit den Einheimischen in Kota Baruh	Mit der Hand über die Buchrücken streichen	Improvisation mit Jens nach der Bandprobe
Erinnerungen an die familiäre Situation und Partnerschaft	• Papa viel auf Dienstreise. • Hunde	• Oft Streit mit Ben. • Scheidung • Marcus	• Alle weit weg • Meistens gut so, manchmal Heimweh	• Matthias • Mama krank • Auf Bens Hochzeit mit allen gesungen	• Heimweh • Lukas
Erinnerungen an die Wohnsituation	• Mein Zimmer mit Korkfußboden. Kann aus dem Fenster in die Einfahrt klettern.	• Zimmer mit Hochbett, später Bettsofa. Klein aber Hell. • Garten!	• Wunderschöne Orte • manchmal ranzige Betten • man findet immer was	• WG Liebigstraße • WG Zülpicher Wall	• WG Schanze • Zimmerwechsel
Erinnerungen an Schule / Arbeit / Hauptbeschäftigung	• Grundschule, Knutsch-spielchen	• Ätzend. Langweilig.	• auschecken: wo schlafen, einkaufen, essen • viel Zeit für einfach sein, rumgucken • überall Musik	• schön mit den Kollegen • müde • nicht genug Herausforderung	• alle neu • Enthusiasmus • erste Bandkonflikte
Erinnerungen an Freunde / Kollegen	• Karina, Thorsten, Andreas, Sandra	• Clique • Erste Liebe Marcus • Hanno, Stauti, Fuchs • Gospelchor	• James in Thailand • Thali in Neuseeland • Claudie auf Jamaica	• Simone • Stauti, Hanno	• Bandproben • Altonaer Balkon
...	...	...	...	...	...

Diese Anker-Erinnerungen sind bewusst in der Gegenwart geschrieben, weil es Momente sind, in die man sich gut wieder hineinversetzen kann. Und genau darum geht es hier. Der Anker ist dein Ticket in die Vergangenheit. Sehr gut funktioniert es übrigens auch, wenn du dich an die Musik erinnerst, die du in der jeweiligen Zeit gehört hast. Unser Gedächtnis verknüpft Musik sehr stark und dauerhaft mit Emotionen und Erinnerungen. Wenn wir ein altes, intensiv gehörtes Lied abspielen, empfinden wir gleich wieder das Gefühl, das wir damals hatten. Finde einen Anker für jeden deiner Lebensabschnitte. Gib dir dafür maximal 90 Sekunden pro Lebensabschnitt und Anker. Diese 90 Sekunden sind die produktivsten, danach kommen wir ins Grübeln und die Übung zieht sich unnötig in die Länge.

▶ Notiere in den folgenden Zeilen des Arbeitsblattes alles, was dir zu den angegebenen Kategorien einfällt. Es muss nicht jedes Feld ausgefüllt sein.

Wenn du dich kreativ damit beschäftigen willst, kannst du deinen ‚Weg bis hierher' größer und mit Farben, Fotos, Zeitungsausschnitten oder Zeichnungen, ausgestalten. Dann musst du dich nicht an die Tabellenform halten. Du kannst die verschiedenen Erinnerungskategorien als Denkanstoß nutzen. Deiner Kreativität sind keine Grenzen gesetzt.

Als Beispiel kann dir auch der nebenstehende ausgefüllte ‚Weg bis hierher' von Jenny dienen, den du dir ebenfalls aus dem Internet herunterladen kannst.

Beispiel:

Christian, einer meiner Workshopteilnehmer, gab mir dieses Feedback zu der Übung ‚Mein Weg bis hierher':

„Die Übung ist ein erstaunlich vielseitiges Werkzeug. Für mich war sie klärend in meiner Vita und sie bestärkt mich in meinen Fähigkeiten und in meinem Selbstwertgefühl. Und es war erstaunlich inspirierend, auch über die eigentlichen Übungen hinaus. Kurz nachdem ich sie bearbeitet hatte, beschlich mich das Bedürfnis, den einen oder anderen Anker aus meiner Kindheit wiederzubeleben. Zum Beispiel kaufte ich Knäckebrot und Leberwurst und saß augenblicklich grinsend und mit wohligem Gefühl in der Küche meiner Großmutter. Aus einem solch wohligen Gefühl heraus können eine Menge guter Dinge entstehen. Zu wissen, wo man war und wo man herkommt, ist ein starkes und gutes Gefühl. Ganz gleich, ob es gute oder dunkle Zeiten waren. Ich freue mich, dass ich das gemacht habe und immer mal wieder drauf gucken kann."

Mit deinem ‚Weg bis hierher' hast du dir eine Landkarte deiner bisherigen Entwicklung geschaffen. Diese Landkarte wirst du brauchen, um im nächsten Schritt in einer archäologischen Forschungsarbeit deine Anlagen freizulegen. Wenn du nicht die Zeit hast, die nächsten Übungen gleich anzuschließen, wird dir dein ‚Weg bis hierher' dazu dienen, den Faden wieder aufzunehmen.

2.4 Kernübung: Mein Profil als Wegweiser

Unsere Anlagen sind wie ein innerer Schatz, der uns wahrhaftig reich macht und den uns niemand nehmen kann. Das Profil unserer Anlagen ist der Wegweiser zu einem erfüllten Leben und zu nachhaltigem Erfolg. Wenn uns das uns bewusst ist, kann es uns immer als Orientierungshilfe dienen. Wir können abwägen, was wir tun und was wir lassen wollen, indem wir überprüfen, ob es uns entspricht. Mit der Zeit passiert das ganz automatisch. Und wir können uns endlich gezielt selbst fördern und so unser Potenzial entfalten. Aus deinem Profil kannst du ableiten, in welche Richtung du dich mit deiner Musik entwickeln willst. Damit es anschaulich und gut handhabbar ist, bringen wir es tatsächlich in die Form eines Wegweisers (siehe Abbildung auf der folgenden Seite).

Unsere Stärken geben uns eine sichere Basis und Beweglichkeit. Deshalb sind sie an den Beinen des Wegweisers angesiedelt. Unsere Interessen sind in greifbarer Höhe für die Hände dargestellt, weil wir uns gerne damit beschäftigen. Unsere Träume weisen uns die Richtung, in die wir uns entwickeln können, deshalb zeigt der Wegweiser in diese Richtung. Die Persönlichkeit bestimmt, wie wir Sinneseindrücke wahrnehmen, interpretieren und auf sie reagieren. Vier unserer fünf Sinnesorgane befinden sich an unserem Kopf, weshalb auch die Persönlichkeit am Kopf des Wegweisers abgebildet ist. Eine Berufung kann man als eine Art ‚göttlichen Ruf' verstehen. Deshalb ist sie über dem Kopf angesiedelt. Diese vereinfachende Darstellung unseres Profils soll uns einen Überblick ermöglichen, damit wir gut damit arbeiten können. Jetzt gilt es, diesen Wegweiser Schritt für Schritt mit deinen Anlagen auszustatten. Gezielte Fragen zu den einzelnen Elementen deines Profils werden dich auf deiner Forschungsreise führen. Es geht dabei natürlich um deine Musik, aber auch um alles andere, was dich ausmacht. Erinnere dich daran, dass es als Freiberufler nützlich sein kann, alternative Einnahmequellen zu erschließen. Umso besser, wenn auch diese auf deinen natürlichen Anlagen beruhen.

Arbeitsschritte:

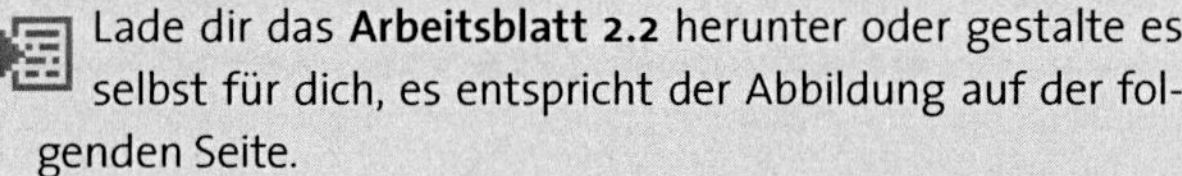 Lade dir das **Arbeitsblatt 2.2** herunter oder gestalte es selbst für dich, es entspricht der Abbildung auf der folgenden Seite.

▶ Befasse dich dann nacheinander mit den Elementen deines Profils, indem du dem Text und den Fragen ab Seite 64 folgst. Dein ‚Weg bis hierher' wird dir immer wieder eine Unterstützung bei der Beantwortung der Fragen sein. Eine weitere Hilfe kann es sein, Freunde oder deine Familie zu einzelnen Punkten zu befragen.

▶ Notiere alles, was dir zu den Fragen einfällt. Du musst nicht jede Frage beantworten, sie alle sollen dir nur als Lotse durch dein Bewusstsein dienen. Dementsprechend kannst du auch Einzelheiten notieren, die dir wichtig sind, nach denen aber nicht explizit gefragt wurde. Schreib alles auf, was dir am Herzen liegt, auch wenn es albern erscheint. Denk an die Konzepte, die unseren Möglichkeitenraum einschränken. Das können gelernte Sätze sein wie: *„Das ist doch albern." „Das*

MEIN PROFIL ALS WEGWEISER

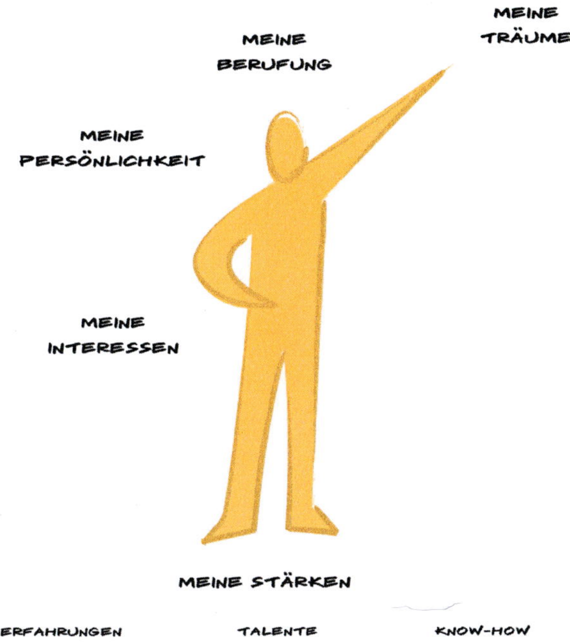

Arbeitsblatt 2.2: Mein Profil als Wegweiser

MEIN PROFIL
ALS WEGWEISER

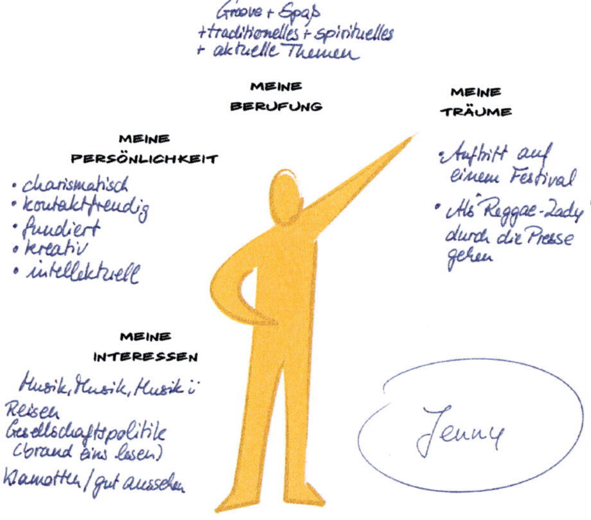

Jennys Beispiele aus dem Arbeitsblatt 2.2.

ist nichts Vernünftiges." „Das kann doch jeder." Lass dich von diesen Sätzen nicht bremsen.

▶ Nach der Sammlung wählst du jeweils die drei oder fünf wichtigsten Punkte aus deinen Notizen aus und überträgst sie auf das Arbeitsblatt 2.2.

▶ Du kannst alle Elemente deines Profils in einem Stück bearbeiten. Es ist aber auch möglich, dass du schrittweise über mehrere Tage verteilt vorgehst.

Als Beispiel kannst du dir einen Ausschnitt aus der ‚Archäologischen Sammlung' von Jenny (Abbildung 2.3 auf Seite 62) ansehen, oder die vollständige Version aus dem Internet herunterladen.Dieses Beispiel ist sehr ausführlich, um zu zeigen, welche Vielfalt von Einfällen man notieren kann. Deshalb sind die Stichpunkte der Übersicht halber tabellarisch dargestellt. Das ist aber nicht notwendig. Ich empfehle dir, deine Gedanken frei zu notieren. Und lass dich von der Fülle dieses Beispiels nicht unter Druck setzen, auch so viel schreiben zu müssen. Jennys fertig ausgefüllten Wegweiser findest du innen auf der Klappseite.

Viel Freude bei deiner Schatzsuche!

Abschnitts-bezeichnung	Braunschweig	Köln	Reisen	Buchhandlung	Akademie
Alter	0 - 11	11 - 19	19 - 20	20 - 23	23 - jetzt
Anker	Im Winter im Schnee auf einer Plastiktüte sitzend den Hang runter zum Schulbus rutschen.	Schulgong	Singen mit den Einheimischen in Kota Baruh	Mit der Hand über die Buchrücken streichen	Improvisation mit Jens nach der Bandprobe
Stärken: Erfahrungen	• Mit Thorsten Biene Maya als Musical vor den Eltern aufgeführt. • Versucht, Salzstangen zu rauchen.	• Chor • Auf einer Kinder-CD gesungen. Aufnahmen im Studio und Auftritt bei der Veröffentlichung. • Auf CD von Mama gesungen und mit ihr aufgetreten. • Jugendfreizeiten im Sommer	• Mit Rucksack unterwegs • Ich brauche nicht viel, wenn es sein muss. • Kann gut alleine sein, aber auch Kontakte knüpfen. • Malayischen traditioneller Gesang kennen gelernt	• Ich kann ein geregeltes Leben führen, wenn ich will. • Lena: Spiritualität gibt es nicht nur in der Kirche. Sie steckt in allem, was ich denke, sage und tue. • Band: Reggae mit deutschen Texten	• gute Bühnenpräsenz • gut organisiert: Job und Schule • ich kann diszipliniert arbeiten.
Stärken: Begabungen /Talente	• Mit meinem Mund-Harmonium Songs nachgespielt. • Inszenieren und Darstellen (Biene Maya)	• hohe Musikalität • Sprache, Literatur: Verständnis und Umgang. • Selbstverständlichkeit auf der Bühne • Intelligenz	• Organisationstalent • Einfache Verständigung in fremden Sprachen • Kontakte knüpfen	• Kann mir die Charakteristika von Autoren und Büchern gut merken und wiedergeben • Teamsprecherin dem Chef gegenüber • Gelenkig + schnell (Capoeira) • Texten + vertonen, auch spontan	• Charisma auf der Bühne • mich zurechtfinden und organisieren

Stärken: Know-How	• Noten lesen	• Anfänge von Gesangsausbildung durch Chor • Klavierunterricht • Abitur	• was von der Welt gesehen. •	• Kaufmännische Ausbildung • Deko • Gute Literaturkentnisse	• andere Musikstile • Songwriting und Harmonielehre
Interessen	• Autoprospekte gesammelt und geordnet und drin geblättert. • Singen, Singen, Singen • Rosa Tüllkleidchen • Sound of Music	• Musik machen • Reggae hören • mich selbst aufnehmen • lesen • Mit anderen draußen was machen • Mary Popins	• Reisen • Faszination für kulturelle Gesänge. • Essen! • Typische Klamotten in anderen Kulturen • englischsprachige Bücher	• meine Band • Konzerte sehen • Texte schreiben • brandeins lesen • Bücher über Musik, Kultur u. Spiritualität • Festivals	• Traditioneller Gesang • Musik, Musik, Musik • Klamotten
Träume	• wie Dornröschen auf einem Ball tanzen	• Sängerin werden • Vor Leuten stehen und wichtige Sachen verkünden. • Sister Act: Pop-Gospel	• Ethnische Musik mit Pop verbinden.	• mal auf einem Festival auftreten. • Zeitungsbericht über mich als „Die Lady, die den neuen deutschen Reggae nach vorne bringt"	• Ethnische Musik mit Pop verbinden • International auftreten • als Reggae-Lady über den roten Teppich gehen
Persönlich-keit	• spielerisch • kreativ • einfallsreich • extrovertiert	• charismatisch • begeisterungsfähig • kritisch • unterstützend	• intuitiv • erlebnisorientiert • kontaktfreudig • begeisterungsfähig	• intellektuell • fundiert • innovativ • aufgeschlossen	• kreativ • ehrgeizig • charismatisch • schnell
Berufung	• Rückmeldung auf Sachen wie Biene-Maja-Schauspiel: *„Das hast Du toll gemacht. Es hat richtig Spaß gemacht, zuzusehen."*	• Tierisch genervt vom christlichen Glauben (Jugendfreizeiten, Konfirmation): Weibliche Kraft fehlt total.	• Mit anderen zusammen singen, auch spontan.	• ich muss mehr Musik machen! Sonst vertrockne ich.	• traditionell + echte Spiritualität + Spaß + Groove + nicht eso + brandaktuell • Menschen mit Musik und Inhalt begeistern

Abbildung 2.3: Jennys Archäologische Sammlung

2.4.1 Stärken (Kernübung)

Unsere Stärken umfassen alles, was wir gut können. Weil wir Erfahrung damit haben, besonders begabt dafür sind und uns möglicherweise schon vertieftes Wissen und Fähigkeiten auf dem Gebiet angeeignet haben. An unseren Stärken sollten wir uns orientieren. Auf sie können wir bauen.

> **Kernsatz:** Erfolgreich können wir nur dann sein, wenn wir unsere Stärken einsetzen und nicht, wenn wir uns bemühen, etwas zu leisten, was wir nicht gut können.

Tatsächlich ist unsere Gesellschaft eher an Schwächen und an Selbstkritik orientiert, als an Stärken und dem selbstbewussten Umgang damit. Meinen Workshopteilnehmern ist es häufig regelrecht peinlich, ihre Stärken zu nennen. Schwächen hingegen können die meisten problemlos aufzählen. Diese Haltung ist unter dem Deckmantel der Bescheidenheit in unserer Mentalität verankert. Aber sie ist nicht förderlich.

Ein Team oder eine Band lebt davon, dass jeder unterschiedliche Stärken einbringt und dadurch Schwächen der anderen ausgleicht. Kolja Jebram berichtete im Interview von seinen frühen Bandzeiten. Zeitweise ärgerte es ihn damals, dass er sich immer um das Organisatorische gekümmert hat, während andere Bandkollegen kaum etwas dazu beitrugen. Inzwischen ist ihm klar, dass Organisationsfähigkeit zu seinen größten Stärken gehört. Als Eventmanager begründet sich sein Erfolg unter anderem auf diesem Talent. Dazu kommen seine langjährige Erfahrungen und das gesammelte Fachwissen auf diesem Gebiet. Erfahrungen, Begabungen und Know-How sind auch die drei Unterpunkte, zu denen du jetzt deine Stärken sammelst.

Stärken, erster Schritt: Erfahrungen

Beantworte die folgenden Fragen zu deinen Erfahrungen. Nimm dafür deinen ‚Weg bis hierher' zur Hand. Versetze dich mit Hilfe des Ankers und der Beschreibungen der Lebenssituation nacheinander in die verschiedenen Lebensabschnitte zurück. Du wirst nicht in jeder Lebensphase Antworten zu allen Fragen finden. Das musst du auch nicht. Die Fragen sind wie Suchinstrumente, mit denen du dein Leben nach möglichen wichtigen Erfahrungen abtastest, nicht überall wirst du fündig werden. Manche Fragen können dir vielleicht Familienangehörige oder Freunde beantworten. Notiere alle Antworten stichpunktartig. Am Ende wirst du dich für die drei entscheiden, die dir am wichtigsten sind.

Du kannst mit diesem Schritt einen ganzen Tag verbringen oder ihn in zehn Minuten bearbeiten, das ist deine Entscheidung.

Fragen zu deinen Erfahrungen:

▶ **Welche Tätigkeiten in den einzelnen Lebensabschnitten hatten etwas mit dem Bereich Musik zu tun?** (z.B.: Blockflötenunterricht in der musikalischen Früherziehung, Musik machen zu Hause oder im Ferienlager, die erste Band, Popkurs in Hamburg…).

▶ **Was habe ich dabei gelernt?**

▸ **Was waren ansonsten meine Hauptbeschäftigungen in der Zeit?** (z.B.: Schule, Arbeit als…, Malerei, Basteln, Handwerken, politisches Engagement, Tanz, Sport, Wandern, Meditation, Lesen…)

▸ **Was habe ich dabei gelernt?** (z.B.: strukturiertes Arbeiten, selbstbewusstes Auftreten, in der Stille sein können…)

▸ **Welche Menschen waren in den verschiedenen Abschnitten meines Lebens wichtig?** (z.B.: Freunde, Verwandte, Nachbarn, Bandkollegen, Lehrer…)

▸ **Was habe ich mit ihnen erlebt und was habe ich dabei gelernt?** (z.B.: auch als Profi kann man Fehler machen und es ist o.k., eigentlich singen alle Menschen gerne…

Bei diesen Fragen kann eine Menge Material herauskommen.

▸ Schau dir deine Stichpunkte an und markiere deutlich sichtbar die drei, die dir jetzt gerade intuitiv am wichtigsten sind. Das ist manchmal schwierig. Aber deine Notizen bleiben dir ja erhalten und das Bewusstsein für deine Erfahrungen ist jetzt da. Du kannst deinen Wegweiser zu einem anderen Zeitpunkt immer noch mal anders gestalten, wenn du in einer bestimmten Frage Orientierung suchst.

▸ Fülle jetzt in deinem Arbeitsblatt 2.2 das Feld unter ‚Erfahrungen' mit den drei markierten Stichpunkten.

Stärken, zweiter Schritt: Begabungen

Wir können auch Talente oder Gaben dazu sagen. Manche von uns werden von Kindesbeinen an im Hinblick auf ihre Talente gelobt und gefördert. Wenn dies bei dir der Fall war, kannst du diesen Teil des Wegweisers wahrscheinlich schnell ausfüllen. Bei anderen blieb das aber aus, weil die Eltern und das soziale Umfeld den Blick dafür nicht hatten. Unsere Talente sind schwer zu identifizieren, weil sie uns in die Wiege gelegt und damit für uns so selbstverständlich sind wie das Atmen. Wenn wir dafür Anerkennung bekommen, denken wir manchmal, die anderen wollten nur nett sein, denn das wäre ja nun wirklich nicht der Rede wert. Das ist es aber, denn deine Begabungen sind die Basis für einen erfolgreichen Karriereweg, den du mit Leichtigkeit gehen kannst.

Dieser Leichtigkeit steht jedoch noch eine weitere Schwierigkeit entgegen. In unserer von der christlichen Religion geprägten Mentalität ist die Überzeugung verankert, das Leben müsse schwer und mühsam, voller Opfer sein, damit wir Anerkennung dafür bekommen. Anerkennung von uns selbst, von anderen und – humoristisch formuliert – von Petrus an der Himmelspforte. Deutlich wird diese Prägung auch durch die Darstellungen von Christus in unserer Kultur. Sehr häufig sehen wir Figuren oder Bilder von dem leidenden Jesus am Kreuz. Viel seltener dagegen findet man beispielsweise Abbildungen von ihm, die ihn segnend im Kreise von Kindern zeigen. So wie wir unterbewusst von dem christlichen Gedanken des ‚Lebens als Leidensweg' geprägt sind, werden wir auch misstrauisch, wenn uns Gelegenheiten einfach in den Schoß fallen oder uns Sachen leicht von der Hand gehen. Da ist dann entweder ‚etwas faul' oder wir haben den Ernst der Sache noch nicht erkannt, so scheint es uns. Wenn dir diese Denkmechanismen bekannt sind, dann sei besonders aufmerksam bei der Aufdeckung deiner Talente.

Begabungen können ausgeprägte körperliche bzw. sinnliche Fähigkeiten sein, wie zum Beispiel deine Stimme oder ein sehr feines Gehör. Auch ein charakteristisches Äußeres kann eine Gabe sein, z.B. ein Gesicht mit einem hohen Wiedererkennungswert. Es ist auch ein Talent, wenn uns handwerkliche Tätigkeiten leicht von der Hand gehen oder der Umgang mit Pflanzen und Tieren. Vielleicht hast du auch besondere Qualitäten im Umgang mit Menschen, kannst gut zuhören oder zu Menschen sprechen, bist ein großer Komiker oder jemand, der immer die richtigen Worte trifft und schon früh eigene Texte geschrieben hat. Oder vielleicht bist du ein kluger Kopf, der schnell Zusammenhänge erkennt, immer den Überblick behält oder besonders kreativ ist. Dies sind nur Beispiele.

Gehe nun mit den Fragen zu deinen Begabungen genau so vor, wie mit der Forschung nach deinen Erfahrungen.

Fragen zu deinen Talenten:

▸ **Was fiel dir immer leichter als anderen?** Auf körperlich / sinnlicher Ebene, handwerklichen / gestalterischen Gebieten, im menschlichen / sozialen Bereich oder im geistig / intellektuellen Feld.

- **Wofür bist du gelobt worden, für was hast du Komplimente bekommen?**

- **In welchen Angelegenheiten hast du andere unterstützt oder bist um Hilfe gebeten worden?** Was hast du für sie getan, was sie selbst (in dem Moment) nicht gekonnt hätten?

- Wenn du die Fragen beantwortet hast, dann schau über deine Notizen und markiere die drei Gaben, die dich im Augenblick am meisten ansprechen. Diese trägst du in deinem Profil ein.

Stärken, dritter Schritt: Know-How

Als du nach deinen Erfahrungen geforscht hast, hast du dir schon die Frage gestellt, was du dabei gelernt hast. Hier geht es jetzt um theoretisches und um praktisches Wissen. Das beginnt beim Notenlesen und geht über die Bedienung von Mischpulten und den Umgang mit holzverarbeitenden Maschinen, bis hin zu deiner Ausbildung als KFZ-Mechanikerin oder dem Trainerschein in der Sportjugend. Sammle alles, was dir einfällt, auch wenn es im Augenblick unwichtig zu sein scheint. Gehe wieder so vor wie gehabt, wenn du nun die Fragen nach deinem Know-How beantwortest.

Fragen zu deinem Know-How:

- Welches Wissen muss man haben, um tun zu können, was du in den verschiedenen Lebensabschnitten gemacht hast?

- Hast du in der Zeit irgendwelche Abschlüsse (Schule, Ausbil-

> dung…), Fortbildungen (Trainerschein, Gesangsworkshop…)
> oder Zertifikate (Seepferdchen, Sportabzeichen…) oder et-
> was in der Art erreicht?
>
> ▸ **Welche Fertigkeiten und Kenntnisse haben dir deine Bezugs-
> personen beigebracht?**
>
> ▸ Markiere auch hier wieder die drei Wissensfelder, die dir am
> wichtigsten sind. Übertrage sie in dein Profil.

Du hast jetzt alle drei Unterpunkte zu den Stärken in deinem Profil
ausgefüllt. Du kannst deine Wahl in Zukunft jederzeit überprüfen
und je nach Situation und Fragestellung andere Punkte aus deiner Sammlung auswählen. Wenn du ab jetzt aufmerksamer dein
Augenmerk auf deine Stärken richtest, fallen dir sicher noch mehr
ein. Ergänze deine Notizen, wenn dir etwas wichtig erscheint. Du
kannst diese Zusammenstellung immer wieder nutzen.

2.4.2 Interessen (Kernübung)

Nachhaltiger Erfolg setzt voraus, dass wir uns in einem Feld bewegen, in dem wir mehr und mehr zu Experten werden. Das erfordert
eine große Hingabe und eine nie endende Lust, sich mit einem
Thema zu beschäftigen, immer tiefer in die Materie vorzudringen
und immer neue Dimensionen darin zu entdecken. So erzählt Birdy
Jessel zum Beispiel, dass sie immer eigene Songs haben wollte und
froh ist, dass sie ein paar geschrieben hat. Diese Songs zu haben,
reicht ihr aber im Moment auch. Das Bedürfnis nach mehr sei
nicht da, so sagt sie. Deshalb würde es sie zu viel Energie kosten,

damit überhaupt anzufangen. Es wäre schade, wenn Birdy sich dazu zwingen würde, mehr Kraft für weitere Songs aufzuwenden, wenn das gar nicht ihr wirkliches Interesse ist. Stattdessen hat sie sich zusätzlich zu ihrem Angebot als Saxophonistin ein großes Repertoire als Sängerin aufgebaut. Das Singen macht ihr sehr viel Freude und um immer die Wünsche der Auftraggeber erfüllen zu können, aktualisiert sie dieses Repertoire ständig mit den neusten Hits.

> **Kernsatz:** Produktiv zu sein fällt uns leicht, wenn wir unseren Fokus auf unsere Interessen lenken, in denen unsere Leidenschaft brennt. Dort haben wir ein dringendes Bedürfnis, mehr zu erfahren und weiter daran zu arbeiten. So bauen wir wie von selbst eine Art von Expertenwissen auf.

Manchmal scheinen das Themen zu sein, die im Augenblick gar nicht in unsere Pläne passen und scheinbar keinen Sinn für uns haben. Tatsächlich zeigt sich dieser Sinn oft erst im Nachhinein. Steve Jobs, Gründer und Geschäftsführer von Apple, hielt vor einigen Jahren eine Rede an der Universität von Stanford. Er berichtete von seiner Erfahrung, dass sich verschiedene Punkte in seiner Geschichte erst rückblickend zu einem sinnvollen Weg verbinden lassen. Als er im College war, besuchte er aus reinem Interesse einen Kalligraphiekurs. Dort lernte er zum Beispiel Schriftarten mit und andere ohne Serifen kennen. Er erfuhr die Wirkung von mehr oder weniger Raum zwischen den Buchstaben. Er erlernte, was Schrift ausmacht und wie man sie einsetzen kann. Er war begeistert und fasziniert bei der Sache. Doch es gab keine Aussicht, dass er damit jemals etwas anfangen könnte. Zehn Jahre später arbeitete sein Team an der Entwicklung des ersten Macintosh Computers. Steve Jobs erinnerte sich an die Kalligraphie und ließ seine Kenntnisse in die Entwicklung der Typografie für die Arbeitsprogramme einfließen. Sein Rat ist: *„Vertraue darauf, dass alles im Nachhinein einen Sinn ergibt. Das wird dir die Zuversicht geben, die du brauchst, um deinem Herzen zu folgen, auch wenn es dich auf ungewöhnliche Wege führt. Das macht das Besondere an dir aus"* [2].

Also: Was zieht dich an, innerhalb der Musik und auch in anderen Gebieten? Was macht dich als Musikerin oder Musiker besonders? Du kannst deine Musik mit anderen Themenfeldern verbinden, so wie Petra Thelen Pädagogik und Therapie mit Musik verknüpft. Oder Kolja Jebram, der nicht als Profimusiker arbeitet, aber seine Interessen an Musik und Wirtschaft verbindet, indem er Künstler als Akteure auf Veranstaltungen vermittelt.

Gehe bei der Beantwortung der folgenden Fragen wieder nach dem bewährten Verfahren vor.

Fragen zu deinen Interessen:

▸ **Über welche Tätigkeiten konntest bzw. kannst du die Zeit vergessen?**

▸ **Welche Bücher, Filme oder andere Medien fesselten stundenlang deine Aufmerksamkeit?** Um welche Themen geht es da?

▸ **Wofür hast du mehr Geld ausgegeben als andere oder tust es heute?** (Reisen, Instrumente, Workshops, Essen...)

▸ **Welche Beschäftigungen oder Gespräche kannst du nur mit ganz bestimmten Leuten teilen, weil andere nach zehn Minuten anfangen zu gähnen, während du erst Feuer fängst?**
(Alte Autos, die Bauweise von Kohleöfen, Yoga oder die lateinamerikanische Kultur.)

▸ Wenn deine Sammlung abgeschlossen ist, dann wähle wieder die drei Punkte aus, die dir jetzt gerade am meisten bedeuten. Trage sie in dein Profil ein.

2.4.3 Träume (Kernübung)

Alles, was wir träumen, hat mit uns zu tun. Die Musiker, die an meinen Workshops teilnehmen, haben in der Regel die Musik in das Zentrum ihres Lebens gerückt. Damit nehmen sie ihre Träume bereits ernst und folgen ihnen.

> **Kernsatz:** Unsere Träume weisen uns auf Potenziale hin, die sich entfalten wollen.

Auch in der weiteren Orientierung innerhalb des Musikmarktes und bei der Suche nach Projekten sind unsere Träume hilfreiche Hinweise. Von Kindheitsträumen, Tagträumen und nächtlichen Träumen war bereits die Rede. Doch auch Vorbilder oder Menschen, die wir beneiden, gehören in diese Kategorie. Sie sind Projektionsflächen für ein Potenzial, das in uns steckt. Sie haben oder tun etwas, was wir auch gerne hätten oder täten. Und wir können davon ausgehen, dass auch entsprechende Fähigkeiten dazu in uns angelegt sind. Dabei geht es nicht darum, jede Fantasie originalgetreu umzusetzen. Katja, eine Workshopteilnehmerin, erinnerte sich daran, dass sie als Kind gerne Opernsängerin werden wollte. Und auch als Erwachsene war sie noch fasziniert von der Vorstellung, so einen großen Raum wie ein Opernhaus oder Theater mit ihrer Stimme zu füllen. Da sie keine klassische Gesangsausbildung hatte, lag die Verwirklichung dieses Traums außerhalb ihres Möglichkeitenraumes. Aufgrund ihres Alters gab es da inzwischen eine Leistungsgrenze, die sie nicht mehr überschreiten konnte. Aber sie erzählte lächelnd, dass sie schon mehrfach bei Hochzeiten in der Kirche gesungen hat. Auch da hatte sie dieses Gefühl, mit ihrer Stimme einen großen Raum zu füllen. Und sie genoss das sehr. Unser Möglichkeitenraum vergrößert sich enorm, wenn wir ihn auf unsere Träume und Sehnsüchte ausdehnen. Es ist eine Frage unserer Kreativität, wie wir unsere Träume mit den gegebenen Mitteln in unser Leben integrieren. Welche Varianten deines Lebens schlagen deine Träume dir vor? Dein ‚Weg bis hierher' kann dir auch hier wieder eine Anregung für deine Notizen sein. Gehe vor wie gehabt.

Fragen zu deinen Träumen:

▶ **Was wolltest du als Kind werden oder tun, wenn du groß bist?**

▶ **Was würdest du noch erleben wollen, wenn du wüsstest, dass du nur noch ein Jahr zu leben hast?**

▶ **Wovon handeln deine Tagträume?**

▶ **Wer waren und wer sind heute deine Vorbilder? Mit welchen Bücher- oder Filmfiguren hast du dich identifiziert?**

▶ **Wen beneidest du? Was hat diese Person, was du auch gerne hättest?**

▶ Schau dir deine Notizen an und markiere die drei Träume, die gerade jetzt am meisten in dir auslösen. Schreibe sie in das entsprechende Feld in deinem Wegweiser.

2.4.4 Persönlichkeit (Kernübung)

Unsere Persönlichkeit, unser Charakter bestimmt, wie wir die Welt wahrnehmen, wie wir diese Eindrücke verarbeiten und darauf reagieren. Kunst entsteht, indem der Künstler mit seinen persönlichen Stilmitteln ausdrückt, wie er die Welt wahrnimmt. Ein verwandtes Wort ist ‚Persona'. Wörtlich übersetzt bedeutet es ‚durch den Klang'. Musik und Persönlichkeit sind daher untrennbar miteinander verknüpft. Das Geheimnis um unseren Charakter fasziniert die Menschen seit Jahrtausenden. Philosophen, Psychologen, Pädagogen, Soziologen und andere Fachexperten forschen nach den Ursachen und den Charakteristika menschlichen Verhaltens. Theorien darüber, wie unsere charakterlichen Eigenschaften zu erklären sind, reichen von psychologischen Typologien mit wissenschaftlichem Anspruch über das Studium der Gesichtszüge bis hin zur Astrologie oder der Karmalehre. Einige unserer Wesenszüge wurden uns in die Wiege gelegt. Dazu kommen Verhaltensmuster, die wir im Verlauf unserer Kindheit und des Erwachsenwerdens unbewusst gelernt haben und die unser Verhalten heute prägen. Und wir können aus unserer Haut nicht heraus! Zwar kann ein schüchterner Mensch lernen, lauter zu sprechen und sich mehr zu öffnen. Die Wahrscheinlichkeit aber, dass ein zurückhaltender Mensch zur ‚Frontsau' wird, ist sehr gering. Wie unsere Stärken, so hat auch unsere Persönlichkeit einen großen Einfluss darauf, in welchen Situationen wir uns wohl fühlen und aufblühen.

> **Kernsatz:** Es gibt kein Strickmuster von Charaktereigenschaften, das den Erfolg als Musiker garantiert. Authentizität aber ist eine wichtige Grundlage für nachhaltigen Erfolg. Und diese ist spürbar, wenn die Persönlichkeit und der musikalische Ausdruck zusammenpassen.

Entscheidend ist, dass das Gesamtbild stimmt und dass man nicht versucht, etwas zu sein, was man nicht ist. Man vergleiche die beiden Sänger von Element of Crime und Tocotronic. Sven Regener transportiert seinen poetischen Text mit einer geradezu unbeteiligt wirkenden Erzählerstimme. Dirk von Lowtzow dagegen legt als Sänger von Tocotronic starke Emotionen in den Gesang. Beide Künstler sind authentisch. Was besser ist, ist eine Frage des Geschmacks. Wir gewinnen enorm an Kraft und Ausdrucksfähigkeit, wenn wir uns endlich erlauben, so zu sein, wie wir sind.

Was charakterisiert deine Persönlichkeit? Es gibt umfassende Persönlichkeitstests, die diese Frage zu beantworten versuchen. Auch sie vermögen unser Wesen nicht perfekt zu beschreiben, denn die Persönlichkeit ist nicht messbar. Diese Übung hier ist ein Gedankenanstoß, um deine Aufmerksamkeit auf deine Charaktereigenschaften zu lenken.

Arbeitsschritte:

Schau dir die drei Aufzählungen auf der folgenden Seite an. Du kannst sie auch als **Arbeitsblatt 2.3** aus dem Internet herunterladen. Sie enthalten persönliche, soziale und methodische Eigenschaften oder Qualitäten.

▶ Streiche alle Eigenschaften durch, die dir überhaupt nicht entsprechen.

▶ Wähle aus allen verbleibenden Adjektiven die fünf aus, mit denen du dich intuitiv am besten beschrieben fühlst. Aus jeder der drei Kategorien sollte mindestens ein Begriff dabei sein.

▶ Die aufgelisteten Beschreibungen sind nur Gedankenanstöße. Wenn dir weitere Eigenschaften einfallen, die dich besser beschreiben, kannst du auch diese benutzen.

▶ Es kann interessant sein, auch ein Fremdbild einzuholen. Dafür kannst du eine vertrauenswürdige Person bitten, die Übung für dich durchzuführen. Unterschiede in der Auswahl der Qualitäten können sehr interessante Gespräche herbeiführen.

Persönlich:
Ich empfinde mich als...

risikofreudig, sicherheitsorientiert, kritisch, begeisterungsfähig, harmoniesuchend, beharrlich, sprunghaft, flexibel, beständig, leistungsorientiert, lustbetont, kostenbewusst, erlebnisorientiert, rational, emotional, lebhaft, ruhig, sensibel, robust, fröhlich, melancholisch, originell, innovativ, konservativ, aggressiv, sanft, ausgeglichen, intellektuell, praktisch, spontan, vielseitig, weitsichtig, ehrgeizig...

Sozial:
Im Kontakt mit anderen oder vor Publikum bin ich...

introvertiert, extrovertiert, kontaktfreudig, charismatisch, unterstützend, warmherzig, dominant, kooperativ, bedacht, motivierend, loyal, solidarisch, eigenständig, gruppenorientiert, rücksichtsvoll, ehrlich, egoistisch, uneigennützig, wechselhaft, stabil, zuverlässig, abgegrenzt, distanziert, offen, herzlich, ausdrucksstark, provozierend, sachorientiert, rebellisch, kultiviert, ehrgeizig, verantwortungsbewusst...

Methodisch:
Wenn ich etwas tue, gehe ich ... vor.

genau, effizient, geduldig, planmäßig, vertieft, schnell, diszipliniert, fundiert, zäh, sprunghaft, selbstständig, kreativ, strukturiert, initiativ, logisch, intuitiv...

> ▸ Übertrage nun die fünf Eigenschaften, für die du dich ent-
> scheidest, in deinen Wegweiser.

2.4.5 Berufung (Kernübung)

Als Berufung bezeichnen wir eine persönliche Lebensaufgabe, eine Art Auftrag der Seele. Es geht um eine Qualität, die wir durch unser Leben, durch unser Dasein in die Welt bringen können. Wir können das, weil es in uns angelegt ist.

> **Kernsatz:** Wenn wir unsere Berufung erkannt und verinner-
> licht haben, gibt das unserem Leben einen Sinn und unserem
> Tun eine tiefe Befriedigung.

Gerade in Phasen der Orientierungslosigkeit oder in Lebenskrisen fragen sich viele Menschen nach dem Sinn des Lebens. Das Wissen, etwas Wertvolles zu dieser Welt beitragen zu können, hilft uns durch schwere Zeiten. In Orientierungsphasen ist es uns ein Wegweiser, welche Tätigkeiten uns mit Freude und Befriedigung erfüllen können. Und wenn es uns gut geht, können wir unser eigenes Glück besser annehmen, wenn wir das Gefühl haben, etwas davon weitergeben zu können.

Dabei muss die Berufung keine sensationelle Selbstaufopferung bedeuten. Wir müssen nicht zwangsläufig unser Leben aufs Spiel setzen oder uns z.B. Tag und Nacht dafür einsetzen, dass die Straßenkinder in Brasilien endlich Schutz, Versorgung und Bildung erhalten. Eine Berufung kann, aber muss nicht groß, traumhaft oder vollkommen vereinnahmend sein. Du kannst auch die Lebensaufgabe verspüren, deine direkte Umgebung mit deiner Musik zu berühren und die Menschen dazu zu bringen, für einen Moment ihre Sorgen zu vergessen. Musik ist ein Grundbedürfnis des Menschen. Sie ist ein Ventil, für Musiker ebenso wie für das Publikum. Musik kann beruhigen, aufrühren, manipulieren, die Stimmung anheben, aggressiv machen, heilen und vieles, vieles mehr. Als Musiker arbeitest du mit einem unwahrscheinlich mächtigen Medium. Hast du dich mal gefragt, was du mit diesem Medium auslösen möchtest? Du löst etwas aus, sobald du gehört wirst, das lässt sich gar nicht verhindern.

Die Antwort auf die Frage nach der Berufung ist meist sehr simpel. Es kann so etwas sein wie: Menschen Freude schenken, Halt geben, Missstände zur Sprache bringen und vieles andere. Wenn man sich noch nie Gedanken über die eigene Berufung gemacht hat, fällt es dennoch erstmal schwer, sie zu spüren und zu benennen. Es ist auch nicht unbedingt eine feststehende Tatsache, wie eine ‚Berufungsseriennummer', die uns ein Engel kurz vor der Geburt hinter dem linken Ohr eingeprägt hat und die es jetzt zu entziffern gilt.

Es ist mehr ein wachsendes Bewusstsein dafür, dass wir, jeder einzelne von uns, Einfluss auf diese Welt nehmen. Durch das, was wir tun, und auch durch das, was wir unterlassen. Eine Spur zu hinterlassen ist ein tiefes menschliches Bedürfnis. Eine Fährte zu unserer Berufung können auch Sachverhalte sein, über die wir uns dauerhaft ärgern. Wenn wir uns über Dinge aufregen können, ist damit meist auch das Energiepotenzial verbunden, dagegen anzugehen oder darauf aufmerksam zu machen. Das kann der Protest gegen politische Verhältnisse oder gegen Umweltverschmutzung sein. Diese Motive liefern Stoff für Liedtexte und sie weisen auf eine Zielgruppe hin, auf Menschen nämlich, die diese Gedanken und Einstellungen teilen.

Ein prominentes Beispiel dafür ist Bob Geldorf, der mit der Organisation des Live Aid Konzertes 1985 auf die prekäre Situation der Menschen in Afrika aufmerksam machen wollte und nachhaltig eine breite Öffentlichkeit dafür mobilisieren konnte. Eine weiterer Ansatz für eine Lebensaufgabe können selbst durchlittene Probleme sein oder ein Mangel, den wir erfahren haben.

Peer Frenzke erzählt im Interview, dass er im Alter von 13 Jahren Unterricht für klassische Gitarre erhielt. Er fand es frustrierend, stur vom Blatt spielen zu müssen. Seine Finger verkrampften sich, alles war schwierig. Noch dazu hörte er im Radio ganz andere Musik, die ihm viel besser gefiel. Er wollte so gerne einfach loslegen und Popmusik spielen. Der Gitarrenlehrer aber lehnte seine Bitten, ihm ein paar einfache Akkorde für Beatles-Songs zu zeigen, ab. Erst müsse er Noten und Zupfen lernen. Das verdarb Peer regelrecht die Lust an seinem Instrument. Irgendwann jedoch beschaffte er sich eine E-Gitarre und brachte sich das Spielen selbst bei. Es fiel ihm leicht, die Harmonien von Songs herauszuhören und er spielte sie nach. Bei Konzerten schaute er den Gitarristen genau auf die Finger. So konnte er seiner Leidenschaft für Musik das Futter geben, was sie brauchte. Sein Traum war es, Musik zu machen wie Ian Cussick. Heute steht er nicht nur als Profigitarrist mit internationalen Stars auf der Bühne. Er ist auch ein Musiklehrer der besonderen Art. Was ihm damals gefehlt hat, will er heute vermitteln: den spielerisch einfachen Zugang zum Spaß am Musizieren. Er empfindet es als eine Berufung, Jugendlichen mit einfachen Konzepten zu zeigen, dass sie Musik machen können. Wenn der Funke übergesprungen ist, können die Kinder noch immer das Notenlesen und schwierige Griffe erlernen. Als Musiklehrer an einer Förderschule setzt er dieses Prinzip mit seinen Klassen um. Die Kinder sind zum Teil behindert, in ganz unterschiedlichen Ausprägungen. Für jedes findet Peer die passende Aufgabe in der Band. Das kann auch das Drücken eines langen Tones am Keyboard sein, der immer passt.

Sein Ansatz stößt auf Begeisterung. Bei den Kindern sowieso, aber auch beim Kultusministerium, denn „Musik macht schlau". Studien haben nachgewiesen, dass das Musizieren die geistige Entwicklung von Kindern unterstützt. Mit Hilfe der staatlichen Förderung wird das Konzept ‚Band ohne Noten' [3] an andere Schulen getragen. Peer schreibt derzeit an dem dazugehörigen Schulbuch für den Musikunterricht. Als Fachseminarleiter für Musik am Studienseminar Lüneburg gibt er seinen Ansatz an Referendare weiter. Es ist doch unglaublich, was der Frust eines Gitarrenschülers bewirken kann, wenn er kreativ in eine Antriebsfeder umgewandelt wird! Peer Frenzke hat den Mangel, der ihn damals ausgebremst hat, zum Anlass genommen, Alternativen zu entwickeln und anzubieten. Wir erinnern uns, dass auch Petra Thelen sich unter anderem zum Unterrichten entschloss, weil sie einen Mangel an weiblichen Lehrerinnen sah.

Welche Spuren einer Berufung finden sich in deiner Biografie? Beantworte die folgenden Fragen wieder stichpunktartig. Ein Blick auf deinen ‚Weg bis hierher' kann deiner Erinnerung auf die Sprünge helfen.

Fragen zur Berufung:

▶ **Gab oder gibt es etwas auf der Welt, in der Gesellschaft oder auch in deinem näheren Umfeld, was dich immer wieder aufregt oder besorgt?**

▶ **Gibt es ein Problem oder hat dir etwas gefehlt, das sich wie ein roter Faden durch dein Leben gezogen hat oder noch zieht?** Hast du für irgendetwas intensiv nach Lösungen oder Heilungsmöglichkeiten gesucht?

▶ Welche Rückmeldungen auf deine Musik hörst du am liebsten oder möchtest du am liebsten hören? **Was willst du den Menschen geben?**

▶ Wenn du die Fragen für dich durchgegangen bist, dann wähle maximal drei Punkte aus (es kann auch gut sein, dass es nur ein Punkt ist oder zwei), die dir besonders am Herzen liegen. Schreibe sie in dein Profil.

Schau dir nun dein vollständiges Profil an. Was löst es in dir aus, all diese Anlagen von dir im Zusammenhang zu sehen? Dieses Profil im Bewusstsein zu haben, wird dir helfen, deinen Möglichkeitenraum zu deinen Gunsten zu verändern. Es ist daher empfehlenswert, es sich immer wieder vor Augen zu führen und es zu aktualisieren, wenn du merkst, dass andere Interessen oder Träume aktuell in den Vordergrund rücken.

2.5 Vertiefungsübung:
Der Tanz mit dem Wegweiser

„Vergiss es nie: Niemand denkt und fühlt und handelt so wie du,
und niemand lächelt so, wie du's grad tust.
Vergiss es nie: Niemand sieht den Himmel ganz genau wie du,
und niemand hat je, was du weißt, gewusst." (Jürgen Werth)

Diese Übung beinhaltet Elemente des NLP (Neurolinguistische Programmierung) [4]. Du hast eine neue Perspektive auf dich selbst erarbeitet und das Ziel ist jetzt, diese in deinem Denken und Fühlen zu verankern. Unser Körper speichert Empfindungen wesentlich tiefer ab, als unser Verstand das vermag, und über unseren Körper können wir auch wieder den Zugang dazu finden. Das hast du vielleicht bei deinem ‚Weg bis hierher' durch die Arbeit mit den Ankern gemerkt. Wenn du deinen Wegweiser also gefühlsmäßig in deinem Körper verankerst, kannst du diese Informationen in Zukunft wieder abrufen. So kannst du zum Beispiel in Momenten der Verunsicherung den Kontakt zu deinen Stärken, Interessen, Träumen usw. herstellen und dich an ihnen orientieren.

Arbeitsschritte:

▶ Suche einen oder mehrere Songs heraus. Stücke, die du liebst, die dich sehr ansprechen und berühren und dich in Kontakt mit deinem Wesen bringen. Das kann etwas Langsames und Gefühlvolles sein, oder auch echte Hymnen oder Powersongs.

▶ Schreibe die Elemente deines Profils groß auf einzelne DIN A4-Blätter. Ein Blatt für Erfahrungen, eines für Begabungen, eines für Know-How, eines für Interessen usw.

▶ Sorge dafür, dass du für ca. 15 Minuten ungestört bist.

▶ Lege die Musik auf.

▶ Nimm dir dann die Elemente des Wegweisers einzeln vor. Spüre diese Teile deines Wesens in deinem Körper, während du die Musik hörst. Du kannst dich frei dazu bewegen. Beginne mit deinen Stärken. Mache sie dir bewusst und fühle dazu die Stabilität deiner Beine und den Boden unter deinen Füßen. Dafür kannst du die Blätter für Erfahrungen, Begabungen und Know-How auf den Boden legen und darauf tanzen. Es kann aber auch sein, dass du deine Stärken in den Händen spürst. In den Händen, die z.B. deine Geige halten und genau wissen, was sie tun. Dann verankere das Bewusstsein deiner Stärken in den Händen. Finde eine stimmige Körperhaltung oder Geste dafür.

▶ Als nächstes nimmst du den Zettel mit deinen Interessen in dein Sichtfeld und rufst sie dir ins Bewusstsein. Stell dir vor, dass du diese Dinge, mit denen du Leidenschaft und Freude verbindest, in deinen Händen hältst und immer mit dir trägst. Oder erspüre einen anderen Körperbereich, der mit deinen Interessen in Resonanz geht. Rufe das Gefühl in dir wach wie es ist, deinen Interessen nachzugehen. Finde die richtige Körperhaltung oder Geste und verankere diese Verknüpfung in deinem Bewusstsein.

▸ Gehe ebenso vor für deine Träume, deine Persönlichkeit und deine Berufung. Finde die Haltung oder die Geste, die das Bewusstsein für die jeweiligen Anlagen verkörpert und speichere diese Verknüpfung gedanklich.

▸ Spüre ganz bewusst, was für ein einzigartiger und wunderbarer Mensch du bist. Niemand auf der Welt ist so wie du! Du hast der Welt etwas zu geben, was nur von dir und von niemand anderem kommen kann! Speichere dieses Gefühl deines inneren Reichtums im deinem Körper und mit der Musik.

Wenn du die Übung beendet hast, kannst du deinen Wegweiser erstmal beiseite legen – du hast ihn ja jetzt ohnehin immer bei dir. Mein Rat ist: Tu dir etwas Gutes, denn das war intensive Arbeit!

Dein Profil ist der Wegweiser zu deinem Erfolg. Es beinhaltet die Anlagen, die du entwickeln kannst, um dein Potenzial zu entfalten. So wie ein Samen die Ressourcen in sich trägt, die er braucht, um zu einem Baum heranzuwachsen. Im nächsten Kapitel wird es um den Grund und Boden gehen, aus dem heraus der Baum wächst. Es geht um deine Lebensumstände als Basis für deine erfolgreiche Entwicklung.

Abbildung 2.4: Das Profil unserer Anlagen dient als Wegweiser zu einer erfolgreichen Karriere. Wir ermitteln unser Profil aus unserer Biografie.

Essenz des Kapitels ‚Profil als Wegweiser':

▶ Unser Möglichkeitenraum ist durch reale Grenzen, Leistungsgrenzen sowie durch Unkenntnis und einengende Vorstellungen begrenzt.

▶ Die Forschung nach unseren Anlagen und die Beschäftigung mit unserem Profil hilft uns, diese Grenzen zu überprüfen und zu verändern.

▶ Wir entfalten unser Potenzial, sind leistungsfähiger und zufriedener, wenn wir unser Leben an unserem Profil ausrichten.

▶ Nachhaltiger Erfolg kann eintreten, wenn wir unsere Anlagen erkennen, fördern und einsetzen und wenn wir selbstbewusst dafür einstehen.

[1] Wie sich ein Profil zusammensetzt, ist abhängig von dem jeweiligen Ansatz. Dieses Profil basiert auf meinen Recherchen, Erkenntnissen und Praxiserfahrungen.

[2] Frei wiedergegeben aus Steve Jobs Commencement-Speech an der Stanford University am 15.06.2005: http://news-service.stanford.edu/news/2005/june15/jobs-061505.html, 27.04.2008

[3] http://www.band-ohne-noten.de/

[4] Neurolinguistische Programmierung (kurz NLP) wurde Anfang der Siebzigerjahre an der University of California in Santa Cruz von Richard Bandler und John Grinder entwickelt. Sie definierten NLP als das Studium der Struktur subjektiver Erfahrung. NLP ist eine Sammlung aus bewährten psychologischen Verfahren. Angestrebt wird die Verstärkung der inneren Ressourcen, wobei das Einüben erfolgreicher (Kommunikations-)Muster im Mittelpunkt steht.

3 Standortanalyse mit dem Rad des Lebens

„Du bist der Michelangelo, der Gestalter deines eigenen Lebens. Und du bist der David, den du gestaltest." (Joe Vitale)

Das Gedeihen und das Wachstum eines Baumes sind davon abhängig, ob seine Umweltbedingungen stimmen, ob er genügend Nährstoffe, Wasser und Licht bekommt. Das trifft ebenso auf uns Menschen zu. Unser Umfeld und unsere Lebensbedingungen können unsere Entwicklung fördern und auch hemmen. Einem Baum gegenüber haben wir aber den großen Vorteil, dass wir einen großen Einfluss auf unsere Umwelt nehmen können. Wir können dafür sorgen, dass sie unseren Bedürfnissen so weit wie möglich entspricht.

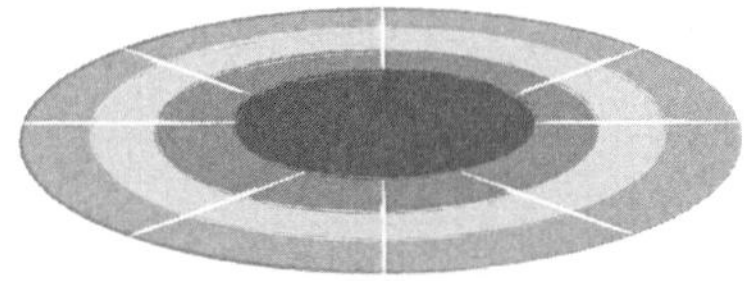

Abbildung 3.1: Das Rad des Lebens [1] verschafft uns einen kompakten Überblick über unsere derzeitige Situation. Durch die Identifikation von Kraftquellen und Schwachstellen können wir gezielt Einfluss nehmen.

> **Kernsatz:** Das Rad des Lebens ist ein Instrument zur Standortanalyse. Mit seiner Hilfe können wir
>
> ▶ uns Klarheit über unsere Zufriedenheit in den grundlegenden Lebensbereichen verschaffen;
>
> ▶ stabilisierende und schwächende Faktoren identifizieren;
>
> ▶ Ansatzpunkte für konkrete Verbesserungen unserer Lebenssituation erkennen.

3.1 Selbstmanagement mit dem Rad des Lebens

„Jemand hat mal gesagt: ‚Was du hast, ist Gottes Geschenk an dich. Was du daraus machst, ist dein Geschenk an Gott.' Es ist auch dein Geschenk an alle Menschen in deiner Umgebung."
(Richard Nelson Bolles)

Das Lebensrad besteht aus acht Stabilitätsspeichen, die für die grundlegenden Lebensbereiche stehen: Körper, Werte, Materielle Basis, Soziales Netz, Gefühle, Beruf, Muße und Herzenswünsche sowie Sinn und Spiritualität [2] (siehe das kommende Arbeitsblatt 3.1. nach Seite 95).

Durch die Betrachtung der einzelnen Speichen überprüfen wir unsere Situation dahingehend, ob sie für uns und unsere Entwicklung förderlich ist. Das mag auf den ersten Blick egoistisch wirken.

Schließlich sind wir nicht der ‚Nabel der Welt', um den sich alles drehen muss. Das Bild wird aber erst dann vollständig, wenn wir uns bewusst machen, dass wir Teil eines Ökosystems sind. Unser Sein, unser Gedeihen, unser Wachstum hat einen großen Einfluss auf unser Umfeld. Schauen wir uns die Metapher von der Eiche an, die den guten Nährboden, das Licht und das Wasser braucht, um gesund und kräftig zu wachsen. Gleichzeitig gibt sie der Erde Stabilität, denn ihre Wurzeln vermeiden Bodenerosion. Immer größer werdend, spendet sie anderen Pflanzen Schatten und gewährt den Tieren des Waldes Nahrung und Unterschlupf.

Bei uns ist das nicht anders. Unsere Umwelt profitiert davon, wenn es uns gut geht, wenn wir selbstbewusst unseren Weg beschreiten und andere daran teilhaben lassen. Wir bewundern Menschen, die wissen, was sie wollen und wir haben gerne Anteil an ihrer kraftvollen Ausstrahlung, ihren Erfahrungen und auch an der Leidenschaft, mit der sie ihren Interessen nachgehen. Wie unangenehm ist es hingegen, wenn jemand ständig unzufrieden ist, aber nicht für sich einsteht, sondern weiterhin stumpf seine vermeintlichen Pflichten erfüllt.

So gesehen sind wir durchaus der Nabel unserer eigenen Welt, denn es ist unsere erste Verantwortung, für unser persönliches Wohlergehen zu sorgen. Nur so haben wir die Energie, unsere Umwelt zu bereichern, für andere da zu sein und sie zu unterstützen. Denken wir an die Sicherheitsunterweisungen im Flugzeug: Die Flugbegleiter demonstrieren, dass bei Eintreten eines Notfalles Sauerstoffmasken von der Decke fallen. Und wir werden in aller Deutlichkeit angewiesen, unter allen Umständen zuerst uns selbst eine Maske aufzusetzen und erst dann anderen zu helfen. Selbst wenn neben uns ein Kind sitzt. Das ist eine extreme Vorstellung, aber es ist nun mal eine Tatsache, dass wir niemanden mehr helfen können, wenn wir selbst in Ohnmacht fallen.

> **Kernsatz:** Wir können nur dann einen positiven Beitrag leisten, wenn wir die Kraft dazu haben. All unsere Lebensbereiche in einem stabilen Gleichgewicht zu halten, ist unsere lebenslange Aufgabe. Und wir müssen akzeptieren, dass wir sie nie vollständig erfüllen können.

Die Geschäftsführung eines Unternehmens hat den Gesamtüberblick über die Firma, sie überwacht und steuert alle Funktionsbereiche des Betriebes. Wir sind als Individuen ‚Selbst-Manager', nicht nur im beruflichen Sinne, sondern auch für unsere verschiedenen Lebensbereiche. Symbolisch dargestellt wird dieser Aspekt auf dem Arbeitsblatt 3.1 in Form der Lebenssteuerung, die als Nabe im Zentrum des Lebensrades sitzt. Hier laufen alle Speichen zusammen. Übernehmen wir die Verantwortung für alle unsere Lebensbereiche, bedeutet das bildlich gesehen, dass die Speichen fest in der Radnabe verankert sind.

In meinen Workshops erlebe ich häufig, dass Teilnehmer sehr berührt sind, wenn sie das Rad des Lebens bearbeiten. Die Betrachtung der einzelnen Speichen bringt zutage, was für Schätze unser Leben beinhaltet und was für Kraftquellen uns zur Verfügung stehen. Diese Erkenntnis verhilft uns dazu, diese zu wertschätzen und sie gibt uns Stabilität, weil unsere Probleme vor diesem Hintergrund relativiert werden. Es hat etwas von einer Ernte, wenn wir uns vor Augen führen, was wir durch unsere bisherigen Bemühungen bereits alles erreicht haben. Gleichzeitig werden auch die Schwachstellen sichtbar und das kann unangenehm sein. Die Form des Rades verdeutlicht, dass es in unserem Leben ‚gut läuft‘, wenn Speichen und Nabe stabil sind. Sind sie instabil, laufen wir Gefahr, dass das Rad bricht und uns in den Graben wirft, wie ein bockendes Pferd.

Marcus Deml schilderte mir im Interview eine Situation aus seiner Zeit als aufstrebender junger Gitarrist in Hollywood: *„Stell Dir folgendes Szenario vor: Du kommst nach Hause. Du siehst deine Instrumente, wie sie auf der Straße liegen. Die Wohnung brennt. Deine Lebensgefährtin kommt dir entgegen, sie ist vollkommen außer sich und schreit dich an: „Es ist alles deine Schuld Marcus!" Du hast seit drei Monaten keine Miete bezahlt, bist total entkräftet und weißt nicht, wie du dir was zu Essen kaufen sollst."* Marcus kommentierte diese Episode mit dem Satz: *„In diesem Moment merkte ich, dass ich an meiner Lebenssituation etwas ändern musste, ich war am Ende."*

Man braucht kein Instrument wie das Rad des Lebens, um zu erkennen, dass die von Marcus geschilderte Situation katastrophal war. Solche Erfahrungen, und auch andere, alltäglichere Katastrophen kann man überstehen. Eine Alternative ist, sie gar nicht erst herbeizuführen. Dem entgegen steht allerdings ein weit verbreitetes Missverständnis, dass Kunst untrennbar mit Leiden verbunden sei. Von dieser Vorstellung erzählt auch Anna Depenbusch. Sie erinnert sich, dass sie früher dachte: *„Das Leben muss chaotisch sein* *und voller Drama und Leidenschaft und Schmerz, damit man gute Ideen hat.“* Sicher, so sagt sie heute, sei die Kunst ein guter Weg, um Probleme zu bewältigen und Schmerz zu verarbeiten. Aber es sei ein hoher Preis, den man für seine Kreativität zahlt, wenn man den Umkehrschluss zieht und denkt, dass man dafür leiden müsse. Dazu habe sie heute keine Lust mehr. Ihre kreativen Impulse zieht sie aus ihren Erlebnissen und Gefühlen, seien es positive oder schmerzhafte, und aus Geschichten, die sie von andern hört und die ‚einen Song verdienen‘.

Es gibt keinen Grund, sich unnötige Schwierigkeiten zuzumuten. Andererseits wäre es auch eine Illusion zu denken, wir könnten unser Leben von allen Problemen ‚bereinigen‘. Anja, eine Workshop-Teilnehmerin, schrieb mir in einer Email, fast zwei Jahre nachdem sie das Rad des Lebens kennen gelernt hatte:

„Es ist immer wieder spannend, wie sich das Rad des Lebens ständig weiter dreht und verändert. Ich habe es noch aus Deinem Workshop und alle halbe Jahre lasse ich es auf dem Papier mal rollen. Ich hab es immer vor Augen und es hilft mir, mich weiterzuentwickeln und zu sehen, was sich verändert hat in meinem Leben. Oder besser gesagt, was ich selber verändert habe. Ich habe dadurch begriffen, dass das Leben nicht immer rund läuft. Selbst wenn eine Speiche mal 100% hat, können die anderen sieben Speichen nicht auch noch alle 100% haben. Es wird immer Ecken und Kanten geben. Die habe ich auch immer in meinem Leben gehabt, aber sie sind mir bewusster geworden. Ich will nicht alle Kanten loswerden, kann man auch nicht – aber man lernt, damit umzugehen.“

Die Erkenntnis, dass im Leben nie, oder nur für Momente, alles perfekt laufen kann, ist ein wichtige Voraussetzung für den Umgang mit dem Rad des Lebens und für eine grundsätzliche Lebenszufriedenheit überhaupt. Wenn wir Perfektion auf ganzer Linie erwarten, setzen wir uns ein unerreichbares Ziel, das einen falschen Druck aufbaut und uns täglich neue Frustration beschert. Das Lebensrad ist ein Diagnose- und Planungsinstrument, das uns Verbesserungsansätze aufzeigt, und keine Prüfung, ob wir alles richtig machen.

Wir allein setzen die Maßstäbe für jede Speiche, vergleichen sie mit unserer tatsächlichen Situation und identifizieren auf diese Weise unsere Kraftquellen und Schwachstellen. Diese Analyse wird in der Kernübung 3.2 angeleitet. Wer sich unter einzelnen Speichen nicht so recht etwas vorstellen kann, findet beim Weiterblättern Anregungen für jeden Lebensbereich in den acht Vertiefungsübungen 3.2.1 bis 3.2.8. Wenn alle acht Speichen bearbeitet sind, zeigt die Kernübung 3.3 den Gesamtüberblick. Dann wenden wir uns der Lebenssteuerung zu. Am Beispiel des proaktiven Handelns wird erläutert, wie wir effektiv Einfluss auf unsere Situation nehmen können. Die Kernübung 3.4 und ihre Vertiefungsübung leiten dazu an, diese Herangehensweise auszuprobieren und im Bewusstsein zu verankern.

3.2 Kernübung:
Analyse der Stabilitätsspeichen

Du kannst dir für diese Übung das **Arbeitsblatt 3.1** aus dem Internet herunterladen oder es dir selbst aufmalen, es entspricht der Abbildung auf der folgenden Seite. Auf dem Bild siehst du, dass die Speichen von der Radnabe aus durch drei farbige Ringe laufen: rot, gelb und grün. Auf diesen Ringen kannst du für jede Speiche markieren, wie du deine Zufriedenheit in diesen Lebensbereichen gerade einschätzt:

▶ Grün steht für volle Zufriedenheit. Der Außenkreis markiert 100% Übereinstimmung von Idealzustand und Realität.

▶ Gelb steht für eine akzeptable Situation.

▶ Rot signalisiert Handlungsbedarf.

Am Schluss verbindest du die Punkte, die du auf jeder Speiche gesetzt hast, und gewinnst so eine einfache und doch differenzierte Übersicht darüber, wie es um deine Zufriedenheit bestellt ist. Abi, ein Workshopteilnehmer, sagte am Ende der Übung: *„Mein Rad läuft rund, aber im roten Bereich."* Die Art, wie er das sagte, brachte uns alle zum Lachen. Aber ein solches Ergebnis macht auch deutlich, dass wenig Kraft und Energie für Projekte und Weiterentwicklung frei sein können, weil ein Großteil unserer Aufmerksamkeit in Problemen gebunden ist.

Wichtig in der Bearbeitung des Lebensrades ist die Einstellung dazu, dass du selbst, und niemand anderes, definierst, was jetzt optimal für dich ist. Natürlich wäre es ideal, beispielsweise vier

STANDORTANALYSE MIT DEM RAD DES LEBENS

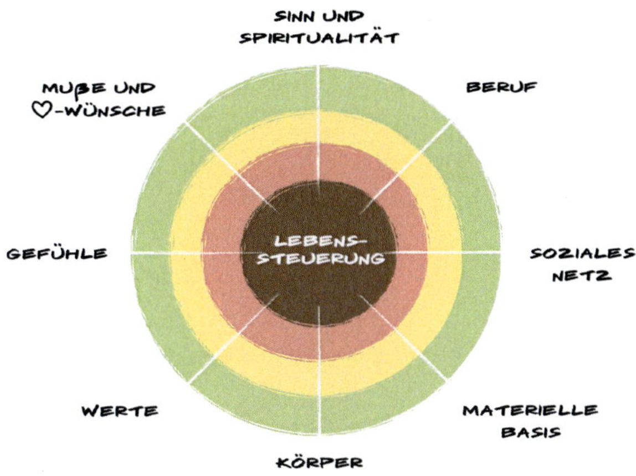

Arbeitsblatt 3.1: Standortanalyse mit dem Rad des Lebens

STANDORTANALYSE MIT DEM RAD DES LEBENS

Thomas' Bearbeitung seines ‚Rad des Lebens'.

Stunden jeden Tag zu üben. Vielleicht musst du aber im Moment viel arbeiten, um deinen Lebensunterhalt zu finanzieren und dir jeden Tag zwei Stunden Zeit für dein Instrument nehmen zu können wäre schon sehr erstrebenswert. Umgekehrt kann es auch sein, dass du in den vergangenen Monaten vor lauter Üben dein soziales Netz, Freunde und Familie, sehr vernachlässigt hast. Dann könnte es jetzt optimal sein, mal nur zwei statt sechs Stunden am Tag mit deinem Instrument zu verbringen und dafür mal wieder einen intensiven Abend mit wertvollen Menschen zu verbringen. Deine Situation, deine Möglichkeiten und dein Empfinden sind das Maß der Dinge, wenn es um die Gestaltung deines Lebens geht. Schau dir jetzt die Speichen einzeln an.

Arbeitsschritte:

▶ SOLL / Ideal:

Überlege zuerst, welchen Zustand du als ideal empfinden würdest. Definiere mit einigen Stichpunkten, welche Bedingungen gegeben sein müssten, damit du in deiner jetzigen Lebenssituation zu 100% zufrieden wärst.

▶ IST / Realität:

Notiere im zweiten Schritt zu jedem Stichpunkt, wie die Realität derzeit aussieht. In manchen Fällen stimmen Idealvorstellung und Realität vollständig oder weitgehend überein. Hier siehst du deine Kraftquellen. Dort, wo Soll und Ist weit voneinander entfernt sind, liegen deine Schwachstellen.

▶ **DIFFERENZ / Wunsch:**

Der dritte Schritt gilt diesen Schwachstellen. Ergänze dort, was sich verändern müsste oder was du tun könntest, um deiner Idealvorstellung näher zu kommen.

▶ **DOKUMENTATION / Arbeitsblatt:**

Im vierten Schritt überträgst du die fünf Stichpunkte, die dir für die entsprechende Speiche am wichtigsten sind, auf dein Arbeitsblatt. Das können Kraftquellen sein, die dir Stabilität geben, oder auch Veränderungswünsche, die du dir vor Augen halten willst. Kennzeichne sie jeweils als solche, damit du sie unterscheiden kannst.

▶ **MARKIERUNG / Stabilitätsspeiche:**

Dann trägst du deine Einschätzung deiner Zufriedenheit in diesem Lebensbereich als Markierung in einem der drei Ringe auf der entsprechenden Speiche ein.

Als Beispiel dafür kann dir das ausgefüllte Beispiel von Thomas auf der Rückseite des Arbeitsblatts 3.1 dienen. Die folgenden Vertiefungsübungen 3.2.1 bis 3.2.8 ab Seite 101 helfen dir bedarfsweise bei der Bearbeitung der einzelnen Speichen. Dort siehst du auch Ausschnitte aus Thomas' Bearbeitung. Sie sind hier der Übersicht halber tabellarisch dargestellt. Für deine eigene Bearbeitung genügen handschriftliche Stichpunkte vollkommen.

Seine vollständigen Ergebnisse, ebenso sein daraus abgeleitetes ‚Rad des Lebens', kannst du dir ebenfalls aus dem Internet herunterladen.

3.2.1 Vertiefungsübung: Stabilitätsspeiche Körper

Unser Körper ermöglicht uns die Wunder der sinnlichen Erfahrung. Wim Wenders erzählt in seinem Film ‚In weiter Ferne so nah' auf bezaubernde Art, wie die Engel uns Menschen um unseren Körper beneiden. Er ist das Vehikel, das unseren Geist und unsere Seele durch das Leben befördert, durch das wir die Welt wahrnehmen und mit ihr in Kontakt treten können. Als Instrumentalist oder Sänger bist du auf deine Gesundheit angewiesen, weil du mit deinem Körper arbeitest. Wer für einen Gig gebucht ist, trägt nicht nur sich selbst gegenüber die Verantwortung, fit zu sein, auch die Bandkollegen, das Publikum und der Auftraggeber verlassen sich auf die Veranstaltung. Helge Zumdieck erzählte von Franz Wittenbrincks Produktion ‚Café Amazonien', die dieser mit Schülern der Hamburg School of Music am St. Pauli Theater zur Aufführung brachte. Eine Sängerin hatte in der Woche vor einem angesetzten Auftritt exzessiv Karneval gefeiert und war heiser. Sie musste für den Auftritt ersetzt werden, was eine schmerzhafte Erfahrung für sie war.

Musiker verlangen ihrem Körper auf der Bühne und im Studio immer wieder Höchstleistungen ab. Roger Cicero hatte im Rahmen seiner Tour für das Album ‚Beziehungsweise' 32 Konzerte in 49 Tagen zu absolvieren. Die ‚freien' Tage waren mit Presseterminen und Fernsehauftritten belegt. Tagsüber unterwegs von Stadt zu Stadt, lieferten er und seine Musiker Abend für Abend in ausverkauften Häusern und Hallen zwei Stunden lang Spitzenleistungen ab. Roger lebt sehr gesundheitsbewusst. Seit Jahren schon trinkt er überhaupt keinen Alkohol und er ernährt sich bewusst. Diesen Tourblock, so sagt er, habe er körperlich und mental nur durch sein tägliches Yogaprogramm bewältigen können, das ihn fit hält, seine Konzentration bündelt und ihn mit erstaunlicher Leichtfüßigkeit durch das intensive und anstrengende Programm gehen ließ.

Die folgenden Aspekte machen unsere Gesundheit und unsere körperliche Leistungsfähigkeit aus. Definiere stichpunktartig für dich, wie du dir deinen Idealzustand vorstellen könntest. Stelle diesem die Realität gegenüber und formuliere Veränderungswünsche, die dir einfallen. Übertrage die wichtigsten fünf Stichpunkte auf dein Arbeitsblatt und markiere dann deine Zufriedenheit auf der Speiche ‚Körper'.

Faktoren, die unsere Gesundheit und unsere Leistungsfähigkeit beeinflussen, sind:

- Ernährung (Essen und Trinken)
- Schlaf
- Bewegung (Ausdauer-, Kraft- und Flexibilitätstraining)
- Frische Luft
- Konsum von Genussmitteln und Drogen
- Durchführung von Routineuntersuchungen
  (z.B. Zahnarzt, Frauenarzt,...)
- ...

Beispiel

Ausschnitt aus Thomas' Bearbeitung:

Ideal	Real	Wunsch
• Täglich frisches Obst und Gemüse • möglichst viel Bio einkaufen • min. 2 L Wasser am Tag	klappt gut	
• 6 – 8 Stunden Schlaf • morgens gegen acht aufstehen.	meistens gut	
• Klettern • Kung Fu • täglich 15 min. Sonnengruß zu Hause • alle Strecken in HH mit dem Fahrrad	• Klettern: zu selten • Kung Fu gar nicht, weiß noch nicht, wo • Sonnengruß klappt • Fahhrrad klappt	Klettern: ca. 1 x / Monat Kung Fu: 1 x / Woche, Verein mit flex. Terminen finden
• Fahrradfahren, Klettern	s.o.	
Kein Alkohol bei Gigs	klappt manchmal	Grundsatz daraus machen
Meine Zahnärztin erinnert mich an die Routineuntersuchungen	gut	

3.2.2 Vertiefungsübung: Stabilitätsspeiche Werte

Mit der zweiten Stabilitätsspeiche wenden wir uns abstrakteren, aber ebenso grundlegenden Aspekten des Lebens zu. Werte lassen sich mit Leitplanken für unser Denken und Handeln vergleichen. Sie markieren den Bereich, in dem wir uns unserem Weltbild entsprechend bewegen können. Grundsätze des respektvollen Umgangs gehören ebenso zu den Werten wie nachhaltiges Handeln oder Authentizität. Unser Wertesystem ist kulturell und sozial geprägt. Die Bevölkerung eines Landes ist durch grundlegende kulturelle Werte verbunden, die in anderen Ländern nicht so selbstverständlich sind, wie zum Beispiel das Recht auf freie Meinungsäußerung. In sozialen Netzen, wie zum Beispiel in der Familie, bestimmen wiederum eigene Wertegerüste die Spielregeln für den Umgang miteinander. Während eine enge Gemeinschaft in einer Familie ganz selbstverständlich durch Rituale wie das gemeinsame Abendessen gepflegt wird, sind andere wesentlich lockerer verbunden und teilen ihr Leben nicht so intensiv miteinander. Zusätzlich hat jeder von uns ganz persönliche Grundsätze. Auch wenn Geschwister in dem selben Haushalt aufwachsen, können sie unterschiedliche Werte vertreten, so kann jemand sehr bodenständig und sicherheitsorientiert sein, während seine Schwester Wert auf Freiheit und Abenteuer legt.

Obwohl uns unser Wertesystem in der Regel nicht bewusst ist, prägt es unser Verhalten und unsere Ausstrahlung spürbar. Entspricht unsere Lebenssituation unserem Wertegerüst, können wir uns aufrecht und mit einem guten Gefühl darin bewegen. Wir richten unsere Entscheidungen daran aus. Für Uwe Seemann zum Beispiel ist, wenn er die Wahl hat, Qualität wichtiger als Geld. Daher, so erzählt er, habe er schon manch ein Projekt abgebrochen, wenn es seinen musikalischen Ansprüchen nicht genügt habe. Auf diese Weise liegen unsere Werte allen anderen Speichen des Lebensrades zugrunde. Sie bestimmen unser Verhalten in sozialen und professionellen Situationen, unseren Umgang mit Geld und unsere Einstellung zu Freizeit und Spiritualität. Manchmal sehen wir uns durch unsere Lebensumstände dazu gezwungen, im Widerspruch zu unseren Werten zu handeln. Wenn dieses Gefühl, uns selbst nicht treu sein zu können, zu lange anhält, ist es sehr belastend und kann uns krank machen.

Als Gedankenanstoß seien hier einige Werte in zufälliger Reihenfolge aufgelistet. Vielleicht spielen für dich noch weitere eine Rolle, dann füge sie hinzu. Wähle die fünf Werte aus, die dir am wichtigsten sind und notiere stichpunktartig dazu deine Assoziationen aus deiner derzeitigen Lebenssituation. Wo spiegelt sie deine Werte gut wider und welche Beispiele fallen dir ein, die deinen Werten widersprechen. Übertrage die fünf wichtigsten Stichpunkte auf dein Arbeitsblatt und markiere den Grad deiner Zufriedenheit auf der Stabilitätsspeiche.

▶ **Werte:** Menschenwürde, freie Meinungsäußerung, freie Entfaltung der Persönlichkeit, Gleichberechtigung, Menschlichkeit, Freiheit, Gerechtigkeit, Wahrhaftigkeit, Liebe, Respekt, Authentizität, Ehrlichkeit, Glück, Leidenschaft, Integrität, Offenheit, Toleranz, Pluralismus, Patriotismus, Individualismus, Solidarität, Wohlstand, Leistung, Zuverlässigkeit, Qualität, Ordnung, Sicherheit, ...

An Thomas' Beispiel auf der nächsten Seite lässt sich erkennen, dass aus dem Soll-Ist-Vergleich nicht immer ein Veränderungswunsch entstehen muss.

Beispiel

Auszug aus Thomas' Aufzeichnungen:

Ideal	Real	Wunsch
Menschlichkeit	o.k., ich versuche nicht, cooler zu wirken, als ich bin und gestehe auch anderen ihre Schwächen zu.	
Gerechtigkeit	Ich finde es total ungerecht, dass andere durch ihre Kontakte gute Chancen auf Gigs haben und ich sitz auf dem Trockenen	?
Respekt	o.k.	
Sicherheit	• Umzug nach HH: verunsichert • finanzielle Lage s. andere Speiche	
Nachhaltigkeit	Hab in einen ökologisch vertretbaren Kühlschrank investiert	

3.2.3 Vertiefungsübung: Stabilitätsspeiche Materielle Basis

Peer Frenzke drückte es im Interview so aus: *„ Als Zwanzigjähriger fühlst du dich von der Muse geküsst und findest es spießig und lästig, dir über finanzielle Sicherheit Gedanken zu machen. Aber als Musiker lebt man nicht nur von Luft und schönen Frauen."* Spätestens, wenn man dafür sorgen muss, dass jeden Monat die Miete reinkommt und wenn teures Equipment notwenig wird, um die eigenen Qualitätsansprüche und die der Auftraggeber zu erfüllen, wird Geld wichtig. Als Profimusiker bist du selbstständiger Unternehmer. Das bedeutet, dass du dafür sorgen musst, dass deine Leistung angemessen entlohnt wird. Du musst ordnungsgemäß deine Buchführung erledigen und dich um Versicherungen und Altersvorsorge kümmern.

Bei dieser Speiche geht es darum zu überlegen, wie du dir deine materiellen Lebensumstände vorstellst, damit du alles hast, um dich als Künstler frei entfalten zu können. Die folgenden Punkte leiten dich zu einer groben Kalkulation an, wie viel Geld du im Monat brauchen würdest, um deine Idealsituation im jetzigen Augenblick herbeizuführen. Überlege dir, welchen Lebensstandard du dir gerne ermöglichen würdest. Dem stellst du gegenüber, wie du dein reelles Budget für die verschiedenen Punkte einschätzt. Notiere im dritten Schritt, was du gerne verändern würdest. Diese Grobkalkulation ist nicht nur wichtig, um ein plötzliches böses Erwachen zu vermeiden. Es stärkt auch deine Motivation, dir verlässliche Einnahmequellen zu erschließen und dich nicht unter Wert zu verkaufen. Unterstreiche abschließend die fünf wichtigsten Punkte und übertrage sie in dein Arbeitsblatt, um dann deine Zufriedenheit auf der Speiche zu markieren.

▸ **Fixkosten:** Miete für Wohnung und gegebenenfalls andere Räume (z.B. Proberaum oder Studio), Strom, Wasser, Telekommunikation, Transport, Versicherungen, Beiträge und Gebühren, Abonnements...

▸ **Laufende Kosten:** Ernährung, Bildung, Vergnügen, Geschenke, Gesundheit, Sport...

▶ **Anschaffungen und Investitionen:** Kleidung, Instrumente, Geräte, Reisen, Arztbehandlungen, Möbel...

▶ **Luxus:** Alles, was wir nicht benötigen, was aber unsere Lebensqualität steigert.

▶ **Finanzielles Polster** für Unvorhergesehenes

▶ **Langfristiger Kapitalaufbau** für Altersvorsorge

Beispiel

Auszug aus Thomas' Aufzeichnungen:

Optimal	Real	Wunsch
Fixkosten • helle 50 m²-Wohnung in Altona/St. Pauli • Proben kann ich in der Schule • Auto halten • Gebühren, Versich. **1500 Euro / Monat**	• Mein WG-Zimmer ist o.k. • super! • klappt • klappt • zahlen meine Eltern **ca. 600 Euro / Monat**	
Laufende Kosten: • Biosupermarkt • Bücher • Konzerte und Ausgehen • Klettern, Kung-Fu • Spontanes **350 Euro / Monat**	• ja, sparsam • kann ich mir wünschen • manchmal eng • kommt bald dazu • geht meistens **ca. 250 Euro / Monat**	• das will ich mir finanzieren!
Anschaffungen + Invest. • Klamotten • Instrumente • Verstärker u.ä. • Fahrten nach Hause • Urlaub • TÜV **2000 Euro / Jahr = mtl. 165**	• kaum • schwierig • schwierig • sponsored by Mum • Low Budget o.k. • muss gehen **1000 Euro / Jahr = mtl. 80**	• dafür bräuchte ich mehr Geld!
Finanzielles Polster 50 Euro / Monat zurücklegen	• klappt selten	dafür hätte ich gerne mehr!
Gesamt Ideal: **2400 Euro / Monat**	**Gesamt Real:** **1250 Euro / Monat**	**Wunsch:** **500 Euro mehr verdienen**

Thomas´ Kommentar dazu:

„Ich bin ziemlich glücklich, dass ich die Möglichkeit habe, mir eine Ausbildung als Berufsmusiker zu finanzieren und mir gleichzeitig noch gutes Essen leisten kann, was in dieser Situation schon fast ein Luxus ist. Ich bin meinen Eltern sehr dankbar, dass sie mich unterstützen, weil ich kein BAFöG bekomme. Darüber hinaus wird es dann aber ganz schön eng. Es ist ganz schön frustrierend zu sehen, wie viel Geld ich bräuchte, um den Lebensstandard zu erreichen, den ich mir wünsche und der ja auch nicht gerade exorbitant luxuriös ist. O.K., das muss jetzt nicht alles sofort gehen, aber ich möchte gerne noch etwas hinzuverdienen, um mir mehr Musikequipment und meinen Sport zu finanzieren.“

3.2.4 Vertiefungsübung: Stabilitätsspeiche Soziales Netz

Ein weit verzweigtes Netz von Freunden und Bekannten gibt uns ein Gefühl von Zugehörigkeit und hat den Vorteil, dass wir häufig jemanden kennen, der uns in einer Sache weiterhelfen kann. Wir sind soziale Wesen. So sehr es um die Berücksichtigung der eigenen Bedürfnisse und die Entfaltung des persönlichen Potenzials geht, so wichtig ist es auch, dieses Potenzial in eine Gemeinschaft einzubringen. Wir brauchen Austausch, Resonanz, Inspiration und Zuneigung. Und zwar von Menschen, denen wir vertrauen. Als Berufsmusiker bist du viel in einem Umfeld unterwegs, das Peer Frenzke als eine Art ‚künstliche Welt‘ bezeichnet. *„Man fühlt sich manchmal wie ein Zirkuspferd“*, sagt er. Wenn du dich in der Szene gut vernetzt, wirst du irgendwann ‚weitergereicht' und kommst auf diese Weise an Aufträge heran, beruflich gesehen eine sehr wünschenswerte Entwicklung. Doch viele dieser Kontakte sind dann eben professioneller Natur und in dem Sinne menschlich oberflächlich. Wenn du erfolgreich bist, wirst du gefeiert, aber das bedeutet noch lange nicht, dass jemand für dich da ist, wenn es mal nicht gut läuft. Wir brauchen vertraute Menschen, mit denen wir unsere Erlebnisse teilen, gute wie schlechte. Freunde, die uns ehrlich ihre Meinung sagen oder auch einfach mal Händchen halten. Dann gibt es da unsere engen Kollegen, seien es Bandkollegen oder andere, mit denen wir häufig zusammenarbeiten. Diese Begleiter und Gefährten, auf die wir uns verlassen können, mit denen wir Spaß haben und mit denen wir uns gemeinsam und im Austausch weiterentwickeln, sind von unschätzbarem Wert. Wir brauchen auch Lehrer und Mentoren, die uns aus ihrer Perspektive sagen können, wie sie uns einschätzen, die uns Entwicklungsmöglichkeiten aufzeigen, die uns ermutigen, uns auch mal ‚auf den Pott setzen' und von denen wir gerne lernen.

Der größte Erfolgsfaktor überhaupt ist die effektive Nutzung eines professionellen Netzwerkes, denn die meisten Jobs werden über Empfehlungen besetzt. Effektive Nutzung bedeutet, Netzwerkpartnern gegenüber ein klares Profil dessen zu zeigen, was wir können und was wir wollen. So kann ein nachhaltiges Geben und Nehmen, ein Austausch von Informationen, Kontakten, Feedback und Gelegenheiten entstehen. Über ein Netzwerk von Kollegen und Gleichgesinnten hinaus ist es auch wichtig zu wissen, an wen wir uns mit speziellen Fragen wenden können. Es ist Gold wert, eine schlaue Anwältin, einen begabten Grafiker und eine kundige

Heilpraktikerin zu kennen. In einem Netzwerk kann man auch einen Austausch von (Dienst-) Leistungen vereinbaren – Bassunterricht gegen die Ausarbeitung eines Vertrages zum Beispiel.

Definiere für dich, wie dein ideales soziales Netz aussähe. Führe den Realitätscheck durch und notiere Veränderungswünsche. Übertrage deine Ergebnisse dann in gewohnter Manier auf das Arbeitsblatt und markiere deine Zufriedenheitseinschätzung auf der Speiche. Als Hilfestellung siehst du hier eine Auflistung der wichtigen Kontaktgruppen.

Wichtige Kontaktgruppen:

▶ Partnerschaft, Kinder und Familie

▶ Freunde / Vertraute, Gleichgesinnte und Bekannte

▶ Enge Kollegen, Begleiter und Gefährten

▶ Lehrer und Mentoren

▶ Professionelles Kollegen-Netzwerk

▶ Professionelles Austausch- / Dienstleistungsnetzwerk

▶ ...

Beispiel

Auszug aus Thomas' Aufzeichnungen:

Optimal	Real	Wunsch
Partnerschaft: Ich wünsche mir eine Freundin, die mich fasziniert und die auch musikbegeistert ist.	Niente	Überhaupt mal wieder verlieben
Eltern: • gelegentlich telefonieren • 2 x im Jahr ein WE	• klappt	
Freunde: • mit Tobi und Matz regelmäßig telefonieren und weiterhin zusammen in Urlaub fahren • Steffi min. 2 x im Jahr für ein WE sehen • Freunde hier in HH	• klappt • klappt • zäh!	• Leute in HH kennen lernen, mich einlassen • Kletterkontakt mit Andi weiter ausbauen, das ist echt nett.
Musik: Band hier in HH, am liebsten Jazz Rock	• erste Versuche mit Kollegen gescheitert	Band finden oder gründen, am besten mit Leuten, die auch Bock auf Jazz Rock haben und hier in Hamburg schon gut vernetzt sind.
Mentor: Jemanden haben, der mir erklärt, wie ich mich hier in HH in der Musikszene zurechtfinde.	Bis jetzt hab ich mich ziemlich eingeigelt.	Lehrer an der Schule befragen.
Professionelles Kollegennetzwerk: Von Leuten gefragt werden, ob ich Gigs mit ihnen mache.	Flaute	Mich anbieten und selbst Gigs initiieren.
Austausch- und Dienstleistungsnetzwerk: • Hausarzt • richtig gute Bäckerei • KFZ-Werkstatt	Fehlt noch alles	• Nach einem guten Schrauber erkundigen.

Thomas konnte sich nicht entscheiden, in welchen Ring er seine Zufriedenheit auf der Stabilitätsspeiche eintragen sollte. Zu Hause fühlte er sich sehr mit den Menschen verbunden. Das allerdings verschlimmerte seine Lage in Hamburg, denn er hatte Heimweh und fand es schwierig, sich auf neue Beziehungen einzulassen. Er löste das Problem, indem er zwei Punkte setzte, einen im grünen Ring und einen an der Grenze von gelb zu rot.

3.2.5 Vertiefungsübung: Stabilitätsspeiche Gefühle

In der Musik geht es darum, Gefühle zu transportieren. Das Publikum will berührt werden, es will durch die Musik einen Zugang zu seinen eigenen Gefühlen finden. Im Interview mit Marcus Deml beglückwünschte ich ihn zu seinem beeindruckenden Auftritt in der Fabrik, den ich erlebt hatte. Seine Gegenfrage war: *„War es denn gut?"* Ich antwortete, dass ich das technisch nicht beurteilen könne. Doch er wollte wissen: *„Hat es dich berührt?"* Menschen gehen begeistert aus Konzerten nach Hause, wenn sie berührt wurden. Als Musiker verleihst du der Musik durch dein eigenes Gefühl ihre Tiefe. Sie ist eine Möglichkeit für dich, deine Empfindungen auszudrücken und wird gleichzeitig durch deinen persönlichen Ausdruck erst lebendig und spürbar.

Auf Seite 114 siehst du eine Auflistung wichtiger Gefühlsregungen. Spüre nach, zu welchen Gefühlen du einen guten Bezug hast, welche du gut empfinden und ausdrücken kannst, und auch, welche Emotionen du unterdrückst oder nicht so gut kennst. Notiere dann deine Idealvorstellung davon, wie du gerne empfinden und Gefühle ausdrücken würdest. Stelle die Realität gegenüber und notiere Veränderungswünsche. Übertrage die wichtigsten Punkte auf dein Arbeitsblatt.

Gefühle [3]:

Freude, Liebe , Lust, Angst, Ekel, Trotz, Ärger, Wut, Trauer, Scham, Mitgefühl, Demut, Dankbarkeit, Seligkeit.

Beispiel

Auszug aus Thomas' Aufzeichnungen:

Optimal	Real	Wunsch
Ich möchte mich wieder richtig freuen können, so wie als Kind.	In letzter Zeit bin ich sehr zurückhaltend.	Öfter mal wieder ein leichtes Herz haben.
Ich würde gerne einer Frau meine Liebe schenken und ihre Liebe spüren. Aber auch meiner Familie und meinen Freunden möchte ich zeigen, dass ich sie liebe.	Hm. Ich glaube, die wissen das.	Überhaupt mal wieder verlieben
Lust – gerne mal wieder!	Ich empfinde Lust, wenn es bei den Proben richtig gut klappt und Spaß macht. Essen finde ich auch lustvoll.	
Angst: kann ruhig ab und zu mal da sein, aber so, dass ich handlungsfähig bleibe.	Manchmal habe ich das Gefühl, richtig einzufrieren vor Versagensangst.	Vielleicht mal andere fragen, ob die das auch kennen.
Ich möchte Ärger dann ausdrücken können, wenn mich etwas ärgert	Meist fällt mir erst zwei Stunden später ein, was ich hätte sagen sollen.	Mal mehr darauf achten, wenn ich ärgerlich werde.
Meine Gefühle so richtig in die Musik legen.	Traue ich mich bis jetzt nur, wenn ich alleine bin.	Ich möchte gerne lernen, mich das mehr zu trauen.
...	...	...

Exkurs: Musik als Beruf oder als Herzenswunsch?

„Wähle einen Beruf, den du liebst, und du brauchst keinen Tag in deinem Leben mehr zu arbeiten." (Asiatisches Sprichwort)

Gehört das Thema ‚Musik machen' in die Speiche Muße und Herzenswünsche oder in die Speiche Beruf? Es mag ein Traum sein, seine Leidenschaft zum Beruf zu machen. Aber ein Künstler zahlt auch seinen Preis dafür. Helge Zumdieck zum Beispiel, ist ein erfolgreicher Profi-Schlagzeuger und der Geschäftsführer einer staatlich anerkannten Berufsfachschule für Popularmusik. Er liebt beide Berufe, und doch sehnt er sich manchmal nach der Möglichkeit, mit einer eigenen Band aus reiner Freude an der Sache zu proben und zu experimentieren, wie in früheren Jahren. Der Ausdruck ‚Amateur' leitet sich von dem lateinischen Wort ‚amare', lieben ab. Ein Amateurmusiker spielt ausschließlich aus Liebe zur Musik und zum Instrument.

Helge Zumdieck ist Profi. Auch er unterrichtet und spielt sein Schlagzeug mit Leidenschaft, doch gleichzeitig trägt er als Schulleiter eine große Verantwortung und muss als Berufsmusiker dafür sorgen, dass er regelmäßig und nachhaltig seinen Lebensunterhalt sichert. Seine Arbeit ist sehr zeitintensiv und lässt keinen planbaren Raum für private Projekte mit anderen. Wenn er als Schlagzeuger gebucht wird, geht es in der Hauptsache darum, zuverlässig und professionell die musikalische Leistung zu erbringen, die der Auftraggeber erwartet.

Natürlich bringt er seinen persönlichen Stil und Ausdruck in die verschiedenen musikalischen Umfelder ein und er genießt die Zusammenarbeit mit den anderen Künstlern, aber dennoch, so sagt er, vermisst er mitunter die Zeit, eigene kreative Projekte umzusetzen.

Stephanie Hundertmark hat sich anders entschieden. Auch sie ist Profi, doch durch ihren Halbtagsjob finanziell abgesichert. Für sie ist es wichtig, dass sie dadurch mehr das Gefühl von Leidenschaft und Selbstverwirklichung, als das der Berufstätigkeit mit dem Musikmachen verbindet. Im Interview zitierte sie eine Zeile aus dem Song ‚Nina Pretty Ballerina' von ABBA: *„And she knows the fun would go away if she would play it every day."*

Es kann passieren, dass die Freude an der Sache auf der Strecke bleibt, wenn eine Leidenschaft zur Pflicht wird. Jeder kann die Frage nur für sich selbst beantworten, welchen Stellenwert und welche Intensität er der Musik in seinem Leben einräumen kann und will. Aus meiner Arbeit mit Künstlern aber habe ich den Eindruck gewonnen, dass es für einen Profi existentiell ist, seine Kunst nicht nur als Beruf zu leben, sondern auch in der Speiche „Muße und Herzenswünsche" anzusiedeln. Hier kann er den Brunnen auffüllen, aus dem er für das Publikum schöpft. Wer ein Konzert besucht oder Musik hört, möchte etwas bekommen. Auf die Frage hin, was er den Menschen geben möchte, antwortete Roger Cicero im Interview, das Geben an sich sei für ihn überhaupt das Wichtigste: *„Wenn ich auf die Bühne gehe, dann gebe ich. Was ich gebe, weiß ich nicht. Aber es ist etwas,*

was ich häufig bei Künstlern vermisse. Wenn man große Musiker auf der Bühne sieht, dann gibt einem das was, man ist einfach berührt. Es gibt viele Acts, die schaue ich mir an und denke: Die singen gut, die tanzen gut, die haben eine super Technik und ich spüre – nichts. Weil die nicht geben. Die Grundeinstellung des Gebens ist entscheidend. Ob wir Geschichten erzählen oder singen, ob wir positive Emotionen auslösen oder negative, das ist völlig egal. Wenn die Leute berührt werden, fühlen sie sich einbezogen. Ich glaube, diese Grundhaltung von: ‚Ich gehe auf die Bühne, um etwas zu geben‘, das ist das Entscheidende.“

Wer gibt, muss von irgendwoher nehmen. Um ein hervorragender Musiker zu sein, musst du dein Instrument handwerklich beherrschen und professionell organisiert sein. Und du brauchst Leidenschaft, Herzblut. Leidenschaft erstarrt, wenn sie dauerhaft immer nur in Formen gepresst wird und produzieren soll, anstatt zu pulsieren und dem Lustprinzip zu folgen. Wenn du also die Musik zu deinem Beruf gemacht hast oder das dein Ziel ist, empfehle ich dir, auch Nischen zu schaffen und zu pflegen, in denen du ganz nach deinem Gusto musizieren und lauschen kannst.

3.2.6 Vertiefungsübung: Stabilitätsspeiche Beruf

Unser Beruf gibt uns Stabilität, wenn wir uns dort am richtigen Platz fühlen und erfolgreich sind. Fühlen wir uns aber dauerhaft über- oder unterfordert und frustriert, kann diese sechste Speiche unser Selbstwertgefühl und unser gesamtes Gleichgewicht stark beeinträchtigen. Du siehst hier eine Auflistung der wichtigsten Determinanten eines beruflichen Profils. Notiere ganz intuitiv und stichpunktartig zu jedem Parameter, wie es in deiner Idealsituation ausgeprägt wäre. Gleiche diese dann mit deiner Realität ab und schreibe mögliche Veränderungswünsche dazu. Unterstreiche die fünf wichtigsten Punkte, übertrage sie auf dein Arbeitsblatt und markiere deine Zufriedenheit auf der Stabilitätsspeiche ‚Beruf'.

Determinanten der Berufstätigkeit:
Tätigkeit, eingesetzte Fähigkeiten, Thema, Ort, Arbeitsbedingungen, menschlicher Umgang, Entlohnung, Entwicklungsperspektive

Beispiel

Auszug aus Thomas' Aufzeichnungen:

Optimal	Real	Wunsch
Tätigkeit: • Als Gitarrist oder mit der Trompete auf Konzerten, Veranstaltungen und bei Studioproduktionen spielen. • Nebenjob als Elektriker oder Hausmeister	• Zwei kleine Gigs in drei Monaten, kaum Bezahlung.	• das muss wachsen • hier sollte ich mal aktiv was suchen.
Fähigkeiten, die ich einbringen will: • meine schnelle Auffassungsgabe und schnelle Synchronisierung mit anderen Musikern: bin schnell spontan einsetzbar • gutes Repertoire im Top-40-Bereich • meine Ausbildung als Elektroinstallateur	• das Feedback habe ich auch schon bekommen. • bin ich auf dem Weg, kriege ich hin • jap	
Themen: • Rock, Pop, Jazz, Top 40 • als Elektriker gerne im Veranstaltungsbereich	• schon gut davor	• Jazz will ich mehr ausbauen!
…	…	…

3.2.7 Vertiefungsübung: Stabilitätsspeiche Muße und Herzenswünsche

In Mußezeiten geht es mal nicht um Zweck und Ergebnisse. Diese Momente lassen uns weich und geschmeidig bleiben. Das ist eine wichtige Voraussetzung, nicht nur um ein angenehmer Zeitgenosse zu sein, sondern auch um kreativ arbeiten zu können. Natürlich können wir wochen-, monate- und jahrelang unsere

Pflichten möglichst perfekt erfüllen und das tun, was die Situation (scheinbar) von uns verlangt. Aber was macht das aus uns? Wir laufen mit aufeinandergebissenen Zähnen, krauser Stirn und zusammengekniffenen Pobacken herum. Geschmeidigkeit hingegen bedeutet, dass wir flexibel mit Situationen umgehen können. Geschmeidigkeit bedeutet, dass wir in der Lage sind, von irgendwoher ein Lächeln aus uns hervorzulocken, auch wenn die Situation eigentlich gerade nicht unseren Vorstellungen entspricht. Wenn wir uns Herzenswünsche erfüllen, kümmern wir uns um unser inneres Kind, den Anteil in uns, der spielerisch kreativ ist.

Als Kinder haben wir darauf gehofft, dass unsere Eltern uns unsere Wünsche erfüllen. Als Erwachsene sind wir dafür selbst verantwortlich. Ein Herzenswunsch kann eine Reise sein, ein Instrument, das mehr ist als ein Arbeitsutensil oder auch der Genuss eines schön bepflanzten Balkons. Es kann auch ein Herzenswunsch sein, einem bestimmten Musiker oder einer Band mal persönlich zu begegnen. So, wie es liebevoller Aufmerksamkeit bedarf, die Wünsche unserer Liebsten wahrzunehmen, benötigen wir auch einen wohlwollenden Blick auf uns selbst, um unsere eigenen Sehnsüchte ernst zu nehmen.

Ein Esel bockt irgendwann, wenn er immer nur angetrieben wird und nie grasen darf. Genauso fangen wir oder unser Körper irgendwann an, unsere eigenen Pläne zu boykottieren, wenn wir uns nicht unsere Mußezeiten gönnen und uns mal selbst ein Bonbon spendieren. Als ich vor einigen Jahren in einem Seminar nach meinen Herzenswünschen gefragt wurde, war ich erschrocken, denn mir fiel keiner ein. Mein ganzes Herzblut floss in meine berufliche Entwicklung. Diese Erfahrung hat meine Wahrnehmung geschärft. Inzwischen kann ich jederzeit sofort einen oder mehrere Herzenswünsche nennen und ich sorge dafür, dass sich dann und wann auch mal einer erfüllt.

Nimm dir drei Minuten Zeit für ein Brainstorming. Schreib alles auf, was du gerne tust: Beschäftigungen oder Situationen, in denen du die Seele baumeln lassen kannst oder mal so richtig Spaß hast. Überlege anschließend, welche Herzenswünsche dir einfallen. Führe den Realitätscheck durch: Wie steht es um deine Mußezeit? Hat dein Herzenswunsch die Aussicht auf Erfüllung? Übertrage die fünf wichtigsten Stichpunkte auf das Arbeitsblatt und markiere deine Zufriedenheit.

Beispiel

Auszug aus Thomas' Aufzeichnungen:

Optimal	Real	Wunsch
Mich in Plattenläden herumtreiben	manchmal	
Musikzeitschriften schmökern	manchmal	
Fahrradfahren	regelmäßig	
Konzerte, abends ausgehen	klappt	
gemütlich Frühstücken und Zeitung lesen	jedes Wochenende	
Herzenswunsch: Ein halbes Jahr in New Orleans leben und mich mit Musik beschäftigen können.	Hm, ganz ernsthaft habe ich das noch nicht in Erwägung gezogen.	Könnte eine schöne Belohnung nach der Schule sein.

3.2.8 Vertiefungsübung: Stabilitätsspeiche Sinn und Spiritualität

Spiritualität meint das Bewusstsein, dass alles verbunden ist und dass wir Teil eines Ganzen sind. Wir können dieses Bewusstsein mit einem bestimmten religiösen Kontext verbinden, müssen es aber nicht. Ein ganz einfaches Bild illustriert unsere Verbundenheit: Die Luft, die wir in diesem Moment einatmen, enthält Sauerstoffmoleküle. Diese Sauerstoffmoleküle wurden zuvor von einer Pflanze in der Umgebung aus Kohlendioxid generiert. Es wäre möglich, dass dieses Kohlendioxid von deiner Nachbarin ausgeatmet wurde. Ehe sie es ausatmete, war es eine Zeit lang Teil ihres Organismus.

Das ist nur eine Ebene der vieldimensionalen Verbindung, die zwischen jedem von uns und allem Existierenden permanent besteht. Durch spirituelle Praxis, wie Meditation, lernen wir, uns dieser Verbindung bewusst zu werden. Dieses Bewusstsein birgt nicht nur tiefe Glücksgefühle, es ermöglicht auch einen neuen Zugang zur Kreativität und verschafft uns Gelassenheit im Auf und Ab des Lebens. Und es gibt dem Leben einen Sinn, denn wir wissen nicht nur, dass wir getragen sind, sondern sind uns auch bewusst, dass unser Leben und unser Tun eine Auswirkung auf das ‚große Ganze' hat.

Gerade als Musiker kannst du die Verbindung besonders intensiv spüren, denn du erzeugst Klänge, die bei anderen Menschen Resonanz erzeugen. Peer Frenzke sagt: *„Wenn ich auf der Bühne stehe, meditiere ich eigentlich. Ich bin in der Musik drin. Ich tauche da ein. Ich höre zu und bin offen. Ich sehe mich wie ein kleiner Kos-*

mos, als Teil des Ganzen. Dann finde ich nicht nur mich geil, sondern auch alle anderen.“

Wenn wir das Gefühl des ‚Angebundenseins' auf unsere Kreativität übertragen, eröffnet sich ein ungeheures Potenzial. Wir haben dann nicht mehr das Gefühl, etwas produzieren zu müssen, sondern können uns für das öffnen, was da ist. Wir können es durch uns hindurchfließen lassen. Damit machen wir uns selbst zum Instrument der ‚Weltenseele', denn sie klingt durch jeden von uns anders. In dem Film ‚Wie im Himmel' [4] sagt Daniel zu dem kleinen Chor, den er als Kantor übernommen hat: *„Stellt Euch vor, dass alle Musik schon irgendwo ist. Da oben, überall vibriert sie, und wir können sie holen, und alles geht bloß darum, dass wir zuhören, dass wir auch BEREIT sind, sie von da oben zu holen.“* Julia Cameron leitet in ihrem Buch ‚Der Weg des Künstlers' [5] sehr ausführlich zu dieser Form der Kreativität an.

Spiritualität ist eine Lebenseinstellung und ein praktischer Weg. Jeder kann nur selbst seinen Zugang zu diesem Bewusstsein finden und damit auch Wege, es zu halten und zu pflegen. Das kann regelmäßiges Beten sein oder Meditieren. Das können kleine Rituale sein, wie zum Beispiel die Bühne bewusst mit Präsenz zu füllen und sich innerlich mit den anderen Musikern und dem Publikum zu verbinden.

Spüre nach, welchen Stellenwert du der Spiritualität in deinem Leben einräumen möchtest und wie du sie praktizieren willst. Führe den Realitätscheck durch und formuliere mögliche Wünsche. Übertrage die fünf wichtigsten Stichpunkte auf dein Arbeitsblatt und markiere deine Zufriedenheit auf der Speiche. Ganz wichtig ist hier auch noch mal: 100% Zufriedenheit im spirituellen Bereich ist nicht für Mönche oder Nonnen im Kloster reserviert, die Ihr Leben ganz in den Dienst des Göttlichen und der Gemeinschaft gestellt haben. Wenn du vollkommen zufrieden damit bist, dass du einmal im Jahr am Weihnachtsabend mit deiner Familie in die Kirche gehst, ist der grüne Ring der richtige Ort für deine Markierung.

Beispiel

Auszug aus Thomas` Aufzeichnungen:

Optimal	Real	Wunsch
Erleuchtung ersten Grades. Nein, ehlich, das weiß ich für mich noch nicht.	Ich glaube schon an ‚etwas Größeres' Eigentlich glaube ich auch, dass alles irgendwie seinen Sinn hat.	Würde mich gerne mehr daran erinnern, das tut mir gut. Ich fühle mich dann nicht so alleine und hab mehr Vertrauen.
Regelmäßig beten	Früher habe ich regelmäßig gebetet. Das hat mir gut getan. Zum einen, weil ich das Gefühl von Dankbarkeit hatte und zum anderen, weil ich mir überlegt habe, was ich mir wünsche.	• Jeden Abend ein paar Minuten Zeit nehmen für Rückschau auf den Tag und Danke sagen. • Jeden Morgen wünschen, wie der Tag werden könnte.
Verbindung beim Spielen. Zu Musikern und Publikum	• Auf der Bühne spüre ich diese Verbindung auch manchmal im Herzen. Aber nur mal aus Versehen, ich bin viel zu aufgeregt, um bewusst darauf zu achten. • Oder auch ab und zu mal, wenn ich alleine übe und vollkommen darin versinke. Dann fühle ich mich auch irgendwie angeschlossen, das ist total super.	• Mal drauf achten.

3.3 Kernübung: Gesamtbetrachtung des Lebensrades

„Versteh dein Leben als Langzeitprojekt." (Baltasar Gracián)

Wenn du die Analyse der Stabilitätsspeichen durchgeführt hast, liegt vor dir ein Arbeitsblatt, auf dem zu jedem Lebensbereich bis zu fünf Stichpunkte notiert sind und ein Punkt auf jeder Speiche deinen Zufriedenheitsgrad markiert.

> ▶ Vollende nun die Bearbeitung deines Lebensrades, indem du jeweils die benachbarten Punkte verbindest. Lasse das Ergebnis einen Moment auf dich wirken. Es ist hilfreich, stichpunktartig zu notieren, was die Standortanalyse in dir auslöst.

In dem Beispiel auf Seite 96 siehst du auch Thomas' Ergebnis. Sein Kommentar dazu:

„Das meiste im gelben Bereich, das ist doch gut. Körper ist super, das stärkt mich auch, ist mir total wichtig! Was mich ziemlich nachdenklich macht, sind meine Gefühle und mein soziales Netz. Es stimmt, ich hänge an meinen Leuten zu Hause. Aber ich merke, dass es mich unglücklich macht, wenn ich nur mit einem Fuß hier bin. Das ist ja hier nicht nur ein Kurztrip, und eigentlich finde ich die Stadt geil, und ich kenne auch schon ein paar Leute, die ganz nett sind. Klar, Freundschaften brauchen Zeit, um zu wachsen. Aber eine Chance brauchen sie auch. Das ist mein wichtigstes Ergebnis. Außerdem will ich mir jetzt endlich mal aktiv einen Nebenjob als Elektriker suchen und wieder klettern gehen. Das nehme ich mit. Fühlt sich alles ganz gut an. Machbar."

Du hast zu jedem Lebensbereich ein paar Kraftquellen und ein paar Wünsche notiert. Die Wünsche haben nicht den Sinn, dich unter Druck zu setzen, gleich alles auf einen Schlag umzusetzen. Vielleicht gibt es einzelne Punkte, die du aktiv angehen willst, wie Thomas. Aber allein das Bewusstsein stellt schon die Weichen, und es wird sich einiges von selbst in die gewünschte Richtung entwickeln.

3.4 Die Radnabe: Lebenssteuerung

„Gott gebe mir die Gelassenheit, Dinge hinzunehmen, die ich nicht ändern kann; den Mut, Dinge zu ändern, die ich ändern kann; und die Weisheit, das eine vom anderen zu unterscheiden."
(Reinhold Niebuhr)

Um unser Leben aktiv zu steuern, müssen wir zunächst wissen, was wir wollen und was wir brauchen. Dazu leistet die Analyse der Stabilitätsspeichen einen wichtigen Beitrag. Im nächsten Schritt geht es darum, die Gegebenheiten zu unseren Gunsten zu beeinflussen. Jeder von uns ist der Anwalt seiner eigenen Interessen. Das ist keine Einladung, auf Kosten anderer zu handeln und unter Einsatz der Ellenbogen auf Gedeih und Verderb den eigenen Kopf durchzusetzen. Die Einladung ist vielmehr, proaktiv alle Möglichkeiten zu nutzen, das Beste aus einer Situation zu machen. Proaktives Handeln [6] ermöglicht uns, unsere Kraft gezielt dort einzusetzen, wo wir unsere Lebensbedingungen verbessern können. Gleichzeitig sparen wir Energie, wenn wir aufhören, uns mit Themen zu beschäftigen, die uns nicht weiterbringen.

> **Kernsatz:** Proaktivität basiert auf einer Lebenseinstellung, die besagt:
>
> ▶ Ich treffe zu jedem Zeitpunkt selbst die Entscheidung, wie ich auf eine Situation reagiere.
>
> ▶ Ich konzentriere meine Gedanken und Handlungen auf die Bereiche, die ich beeinflussen kann und will.
>
> ▶ Ich vergrößere meinen Einflussbereich.

Geprägt wurde der Begriff der Proaktivität von dem Psychologen Victor Frankl, der Theresienstadt, Auschwitz und Dachau überlebte [7]. Seine Frau und fast seine gesamte Familie verlor er in den Konzentrationslagern. Er selbst erlitt den Entzug alles Persönlichen, Zwangsarbeit und äußerste Entkräftung und musste zu jedem Zeitpunkt mit dem Tod rechnen. Inmitten dieser körperlichen, mentalen und seelischen Qualen erkannte er etwas, was er ‚die letzte Freiheit des Menschen' nannte. Eine Freiheit, die ihm niemand jemals nehmen konnte: Die Situation konnte er nicht verändern, aber er konnte selbst entscheiden, mit welcher Einstellung er sie hinnahm und damit auch beeinflussen, wie sie auf ihn wirken würde. Aus der entwürdigenden Situation eines Gefangenen heraus entwickelte er die Vision, wie er seine Erfahrungen weitergeben würde. Er malte sich aus, wie er in einem Hörsaal zu den Studierenden über das sprechen würde, was er in diesen Schreckensjahren lernte. Und so kam es tatsächlich. Victor Frankl überlebte, und er war noch lange als anerkannter Psychologe und Dozent tätig. Ein fundamentaler Grundsatz, den er deutlich gemacht hat, ist: Zwischen dem Reiz, der von außen kommt und unserer Reaktion darauf, haben wir die Freiheit zu wählen, ob und wie wir reagieren wollen. So extrem Frankl selbst dieses Prinzip anhand seiner Grenzerfahrungen als Häftling überprüft hat, so gültig ist es auch für die kleinsten Alltagssituationen, die wir heute erleben. Mit der Einstellung, dass wir selbst entscheiden, wie wir mit einer Situation umgehen, ergreifen wir unsere Einflussmöglichkeit auf unser Leben.

Kernsatz: Wir können drei Einflussbereiche unterscheiden:

1. Bereiche, die wir direkt beeinflussen können

2. Bereiche, die wir indirekt beeinflussen können

3. Bereiche, die wir überhaupt nicht beeinflussen können.

Proaktives Handeln bedeutet, dass wir unsere Kraft konstruktiv auf die Bereiche lenken, die wir direkt oder indirekt beeinflussen können.

Situationen, die wir unter unserer direkten Kontrolle haben, hängen vollständig von unserem eigenen Verhalten ab. In diese Kategorie fällt zum Beispiel der Entschluss, um zwei Uhr eine Party zu verlassen, wenn wir müde sind. Oder auch die Gewohnheit, jeden Tag Zeit mit unserem Instrument zu verbringen, komme da, was wolle. Ob wir das tun oder nicht, hängt voll und ganz von unserer Entscheidung ab. Die zweite Kategorie, auf die wir indirekten Einfluss haben, umfasst Situationen, in denen das Verhalten anderer Menschen ins Spiel kommt. Wenn wir zum Beispiel Promotions-Material zu einer Plattenfirma senden, bestimmen wir die Qualität des Materials, und wir hinterlassen durch die Art unserer Kontaktaufnahme einen Eindruck bei dem Ansprechpartner. Dennoch entzieht es sich unserer Kontrolle, ob unsere Unterlagen und Demos dort auf Anerkennung stoßen oder nicht. Wir haben nur indirekt Einfluss auf das Ergebnis. Auf Umstände der dritten Kategorie haben wir überhaupt keinen Einfluss. Wenn das Wetter bei einem Open-Air-Auftritt schlecht ist, dann sind wir machtlos, dagegen können wir nichts unternehmen.

Die Fähigkeit, diese drei Kategorien zu unterscheiden, ermöglicht es uns, unsere Aufmerksamkeit und unsere Aktivitäten gezielt auf die Bereiche zu lenken, die wir steuern können. Zum Beispiel in den Bereich Nummer zwei. Oft sind wir von dem Verhalten oder von der Entscheidung anderer abhängig. Das liegt nicht in unserer Hand. Aber wir können häufig mehr Einfluss darauf nehmen, als wir denken. So erzählt Peer Frenzke von einem wichtigen Wendepunkt in seinem Leben, der den Beginn seiner Karriere als Profimusiker markierte. Peer hatte bereits viel an seinem Können gearbeitet und sich leidenschaftlich mit Musik auseinandergesetzt, aber nie versucht, richtig gute Engagements zu bekommen. Bis ihn eines Tages ein guter Freund ins Gebet nahm. Dieser Freund war ein viel gebuchter Profigitarrist, der mit den Großen der Branche weltweit auf der Bühne stand. Was er zu Peer sagte war in etwa: *„Mensch Junge, du könntest jeden Job spielen, den ich auch mache. Aber du sitzt hier in deinem Kämmerchen und versteckst dich. Du musst auf die Leute zugehen!"* Das öffnete Peer die Augen und er wurde aktiv. Natürlich war er zum Teil von dem Urteil anderer abhängig, wenn es darum ging, auf die Bühne zu kommen. Aber er hatte bis jetzt alle seine Möglichkeiten brach liegen lassen, eine positive Reaktion überhaupt erst anzustreben. Jetzt änderte er sein Verhalten. Er begann, proaktiv zu handeln, und ihm gelang das Unglaubliche. Er nahm Kontakt zu dem Management seines Idols und schließlich zu Ian Cussick selbst auf. Dieser geniale und sehr spezielle Musiker folgte nicht nur Peers Einladung in sein Studio, um sich dessen Ideen einmal anzuhören. Ian war sogar so begeistert, dass er seinen Gitarristen feuerte und Peer in die Band aufnahm. Peer konnte seinen Jugendtraum durch proaktives Handeln wahr machen.

3.4.1 Kernübung: Proaktives Handeln

Lass dir ein Thema einfallen, das dich im Moment beschäftigt oder ärgert. Du kannst einen Punkt nehmen, den du in der Analyse der Stabilitätsspeichen als Schwachstelle erkannt hast.

Arbeitsschritte:

▶ Identifiziere den Teil des Problems, der sich deiner Kontrolle entzieht. Probier einmal aus, hier eine Entscheidung zu treffen, z.B. die Entscheidung, keine Energie mehr auf das Grübeln darüber zu verschwenden. Wage das Experiment, die Situation anzunehmen und dich damit einverstanden zu erklären, dass es jetzt so ist. Wann immer du wieder beginnst, dich zu ärgern, erinnere dich an deine Entscheidung, lasse dich auf die Situation ein und versuche, deine Aufmerksamkeit dann auf die Aspekte zu richten, die du beeinflussen kannst.

▶ Überlege dir, welchen Bereich des Problems du indirekt beeinflussen kannst. Inwiefern bist du abhängig von dem Verhalten anderer Personen? Überlege dann, was du tun kannst, diese Personen für dein Anliegen zu gewinnen. Hier kann auch ein Brainstorming mit anderen sehr hilfreich sein.

▶ Mache dir bewusst, welchen Anteil an dem Problem du vollständig beeinflussen kannst. Frage dich, inwiefern dein bisheriges Verhalten dir gut tut. Wenn es dir nicht gut tut, forsche nach Alternativen oder überlege gemeinsam mit anderen, welche Möglichkeiten es gibt.

Beispiel:

Thomas hatte das Problem, dass er neu in Hamburg war und über kaum Kontakte verfügte, immer wieder aufgegriffen. Sein größtes Anliegen war, in der Musikszene Fuß zu fassen. Allein und ohne Beziehungen erschien es ihm aber unmöglich, Auftritte zu bekommen. Er hatte ja noch nicht mal eine Band! Und er wurde nicht müde, zu wiederholen, wie schwer er es hatte, und dass es für alle anderen leichter wäre.

Wir analysierten seine Situation auf die drei Einflussbereiche hin. Die Tatsache, dass er neu in Hamburg war und auf kein gewachsenes Beziehungsnetz zurückgreifen konnte, war nicht zu ändern. Thomas nahm sich vor, sich nicht mehr dagegen zu sträuben und sich auf die Situation des Neubeginns einzulassen, denn er wollte hier bleiben. Er bezeichnete sich scherzhaft als einsamen Wolf, der von seinem Rudel getrennt war. Jetzt stand er wie ein begossener

Pudel in einer ganz neuen Umgebung. Das Gefühl der Einsamkeit und des Heimwehs würde ihn noch eine Weile begleiten, das ließ sich nicht ändern. Aber er konnte jetzt über seine ‚Begossene-Pudel-Haltung' lachen.

Indirekten Einfluss hatte er darauf, eine Band zu finden und auftreten zu dürfen. Als er zu überlegen begann, wie er Kontakte knüpfen könnte, entstanden auf einmal viele Ideen. Er war in dem Workshop von lauter Menschen umgeben, die ihm weiterhelfen konnten. Er bekam die Resonanz, dass es ziemlich nervig und wenig einladend gewesen war, sich sein Jammern über seine schlechte Situation anzuhören. Jetzt aber sagte er, was er wollte: Eine Band finden und auftreten. Da waren auf einmal alle hilfsbereit. Durch seinen Verhaltenswechsel hatte er die Reaktion der anderen Workshop-Teilnehmer beeinflusst. Thomas ging an dem Tag mit sechs Telefonnummern und mehreren Kontaktadressen nach Hause. Und er hatte beschlossen, in Zukunft anders auf Menschen zuzugehen. Sein Wegweiser gab ihm das Selbstvertrauen, ein attraktives Bandmitglied sein zu können. Er nahm sich vor, sich ab jetzt positiv zu präsentieren, anstatt sich zu verkriechen oder zu jammern. Seine ganze Ausstrahlung hatte sich durch diese innere Klärung verändert. Seine skeptische Zurückhaltung hatte zu einem guten Stück Platz gemacht für Offenheit und Tatendrang.

3.5 Anwendungsmöglichkeiten des Lebensrades

So wie ein Instrument regelmäßig gestimmt werden muss, kannst du das Rad des Lebens regelmäßig nutzen, um deine Situation zu prüfen und zu justieren. Ein Anlass dazu kann der Jahreswechsel sein, wenn du über dein Leben reflektierst und dich für die kommende Zeit ausrichten willst. Sehr hilfreich ist es aber auch, wenn du unterschwellig spürst, dass du unzufrieden bist, aber nicht konkretisieren kannst, woran es liegt. Dann führt dich das Rad des Lebens strukturiert durch die einzelnen Aspekte deiner Situation. So kannst du den Grund für deine Missstimmung identifizieren und eine Lösung finden.

Wenn wir das Rad des Lebens nach einiger Zeit noch einmal neu ausfüllen, ist es sehr interessant, anschließend das alte daneben zu legen, weil wir daran unsere Entwicklung ablesen können. Wir können erkennen, was in bestimmten Phasen unseres Lebens wichtig für uns war und vielleicht über einen langen Zeitraum bleibt. Und wir sehen Probleme, die wir längst schon überwunden haben. Hier haben wir das Rad des Lebens in Kontext mit unserem Profil betrachtet. Mit dem Profil im Hinterkopf haben wir überlegt, wie unsere Lebensbedingungen jetzt idealerweise aussehen sollten, damit wir unser Potenzial entfalten können. Im nächsten Kapitel wird es um die Frage gehen, was das Ziel unserer Entwicklung sein soll: **die Vision**.

Abbildung 3.2: Stabile und förderliche Lebensbedingungen geben uns die Basis, um erfolgreich unser Potenzial zu entfalten und unseren Weg zu gehen.

**Essenz des Kapitels
‚Standortanalyse mit dem Rad des Lebens':**

▶ Unsere Lebensbedingungen können die Entfaltung unseres
Potenzials hemmen oder fördern.

▶ Die Lebensbereiche, die uns Stabilität geben und für die wir
verantwortlich sind, sind: Körper, Werte, Materielle Basis,
Soziales Netz, Gefühle, Beruf, Mußezeit und
Herzenswünsche sowie Sinn und Spiritualität.

▶ Das Rad des Lebens ist ein Werkzeug, um unsere Idealvor-
stellungen mit der Realität abzugleichen, Kraftquellen und
Schwachstellen zu identifizieren und Veränderungswünsche zu konkretisieren.

▶ Durch proaktives Handeln können wir unseren Einfluss
auf die Situation voll ausschöpfen.

[1] Das hier vorgestellte Rad des Lebens steht in keinem Zusammenhang zu dem Lebensrad aus der buddhistischen Tradition.

[2] Die Stabilitätsspeichen sind aus den Stabilitätssäulen entwickelt, die Bernhard Mack in der CoreDynamik verwendet. S. Bernhard Mack: Führungsfaktor Menschenkenntnis. 2000, verlag moderne industrie, Landsberg/Lech

[3] Die Liste basiert auf: Bernhard Mack: Kontakt, Intuition & Kreativität. 1999, Jungfermann, Paderborn. Von der Autorin als Gefühle hinzugefügt sind Liebe und Trotz.

[4] Kay Pollak: „Wie im Himmel". DVD, 2006, Paramount Home Entertainment.

[5] Julia Cameron: Der Weg des Künstlers. 2000, Knaur, München

[6] Der Abschnitt zum Thema Proaktivität ist angelehnt an Stephen Coveys Ausführungen in seinem Buch ‚Die sieben Wege zur Effektivität'. 2000, Heyne, Frankfurt/M.

[7] Siehe dazu auch: Viktor E. Frankl: ...trotzdem Ja zum Leben sagen – Ein Psychologe erlebt das Konzentrationslager. 2007, dtv, München

4 Die Vision als Leitstern auf dem Weg

4.1 Die Vision bringt uns auf den Weg

Visionen können ungefragt als innere Bilder entstehen oder auch durch die bewusste Konzentration auf vorhandene Wünsche und Vorstellungen und die Imagination möglicher Perspektiven. Durch eine Vision blicken wir nicht nur in die Zukunft, wir beeinflussen sie auch. Die Zen Geschichte aus Kapitel eins erzählt, dass die Kraft des (noch nicht existierenden) ausgewachsenen Baumes den noch kleinen Sämling ins Wachstum, in die Entwicklung zieht. Ein solcher ‚Sog in die Weiterentwicklung' steckt in jedem von uns, und mit einer Vision geben wir dieser Dynamik eine Richtung. Das Leben hält unendlich viele Möglichkeiten für uns bereit. Wir entscheiden, welchen Weg wir einschlagen. Und wenn wir eine Vision haben, führt sie uns wie ein Leitstern am Himmel, an dem wir uns immer wieder orientieren können, egal, wo wir gerade stehen.

> **Kernsatz:** Eine Vision ist ein inneres Bild von der Zukunft.

Wir werden hier von den mehr oder weniger konkreten Vorstellungen ausgehen, die du bereits von deiner Zukunft hast. Von dort aus entwickelst du die strahlendste Vision, die du dir vorstellen kannst. Aus unserer heutigen Perspektive können wir uns unzählige Varianten unseres zukünftigen Lebens ausmalen. Eine Variante wäre das Leben eines Prominenten, der in den Medien vertreten ist und Einfluss auf die Meinungsbildung in der breiten Öffentlichkeit nehmen kann. Als Straßenmusiker so gut etabliert zu sein, dass man davon leben kann, wäre eine weitere Perspektive, die man ausprobieren könnte. Eine dritte von unzähligen Möglichkeiten wäre die Vorstellung, eine Familie zu gründen und die Musik in den Mittelpunkt des Familienlebens zu stellen. Und jede dieser Fassungen unseres zukünftigen Lebens beinhaltet auch unterschiedliche

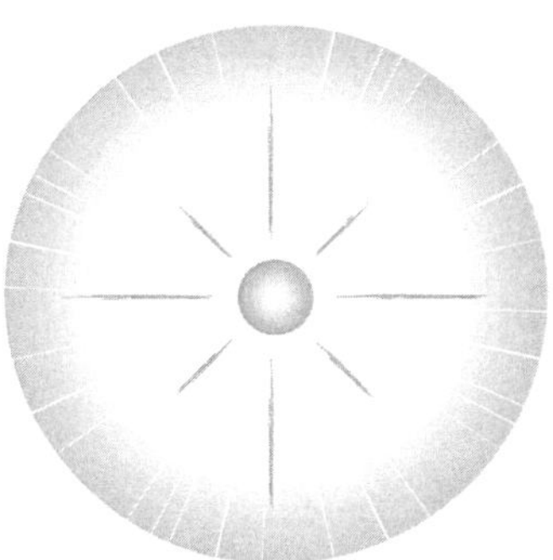

Abbildung 4.1: Die Vision als inneres Bild von unserer Zukunft gibt uns Orientierung auf unserem Weg und führt uns, wie ein Leitstern am Himmel.

Varianten von uns selbst. Das Leben eines Prominenten bringt in ein und demselben Menschen andere Facetten seiner Anlagen zum Vorschein als das Leben eines Straßenmusikers.

Bezogen auf die Zen Geschichte lautet die Frage: Wie sieht der prächtigste Baum aus, der aus diesem Samen wachsen kann? Was ‚prächtig' bedeutet, definiert jeder für sich individuell unterschiedlich. Eine solche ‚strahlende Vision' hat allerdings in der Regel Nebenwirkungen, wenn man sich vornimmt, sie umzusetzen. Diese Nebenwirkungen sind Ängste und Bedenken, wie zum Beispiel Verlustängste oder die Bedenken, was alles schief gehen könnte. Auch diese nehmen wir auf und setzen sie später konstruktiv ein. Dann wandern wir gedanklich von deiner Zukunftsvision aus zurück in die Gegenwart. Auf diese Weise findest du heraus, was sich ab sofort in deinem Leben verändert, wenn du deinen Fokus von heute an auf die Idealvorstellung deiner Zukunft ausrichtest. Und es wird sich bestimmt einiges verändern.

> **Kernsatz:** Eine Vision gibt unserem Denken und Handeln Richtung und Kraft.

Johanna, eine Workshopteilnehmerin, arbeitet in einem Gitarrenfachgeschäft als Aushilfe. Sie verdient dort sehr wenig. Wenn es nur um das Geld ginge, müsste sie sich einen anderen Job suchen. Aber John, der Ladenbesitzer, ist ein ehemaliger Gitarrenbauer. Er weiß scheinbar alles über Gitarren und erledigt einfache Reparaturen gleich im Laden. Eine richtige Werkstatt hat er heute nicht mehr. Aber er erklärt Johanna unendlich viel, wenn es im Laden ruhig ist. Ihre Vision ist es, eine anerkannte Gitarristin und Gitarrenexpertin zu werden. Man kann zwar auch sehr gut Gitarre spielen, ohne zu wissen, wie eine Gitarre gebaut und repariert wird, aber Johanna interessiert sich brennend dafür. Sie träumt davon, einmal mit einer selbst gebauten Gitarre auf der Bühne zu stehen. Wie sie das erreicht, weiß sie noch nicht. Aber es ist ein Teil ihrer Vision und deshalb fühlt sich die Arbeit in Johns Laden jetzt richtig für sie an, auch wenn sie dort wenig verdient. So kann unsere Vision unserem Denken und Handeln eine Richtung geben. Und sie gibt uns Kraft, uns für unsere Ziele einzusetzen. Wenn wir etwas wirklich wollen, können wir Bärenkräfte entwickeln, um es zu erreichen.

Theresa Dold hatte in einem Workshop ein Ziel aus ihrer Vision abgeleitet. Sie wollte eine eigene CD produzieren. Allerdings verfügte sie über sehr knappe Mittel. Ihr Ziel aber mobilisierte all ihre Energie, ihren Einfallsreichtum und ihre Überzeugungskraft. Es gelang ihr, Profimusiker zu gewinnen, die sie auf der CD begleiteten. Mit unermüdlicher Kreativität fand sie Möglichkeiten, ihre Arrangements mit wenig Aufwand professionell zu gestalten, ein Studio zu organisieren und alle Musiker einzutakten. Natürlich gab es Pannen, und Theresa dachte oft genug, sie würde es nicht schaffen. Doch ihre Vision mobilisierte die Kraft, die sie brauchte, um dran zu bleiben. Ein knappes halbes Jahr nach dem Workshop, durfte ich Theresa auf ihrem eigenen Release-Konzert zu ihrer ersten CD gratulieren.

4.2 Visionen bewirken Wunder

„Und wenn du etwas ganz fest willst, dann wird das gesamte Universum dazu beitragen, dass du es auch erreichst." (Paulo Coelho)

Visionen unterscheiden sich von Plänen unter anderem dadurch, dass wir noch nicht (genau) wissen, wie wir sie realisieren können. An schlechten Tagen haben wir sogar das Gefühl, dass es vollkommen unmöglich sei, dass unser Traum Wirklichkeit wird und wir halten uns für größenwahnsinnig, weil wir auch nur für einen Moment daran geglaubt haben. Dann aber geschieht etwas, scheinbar aus heiterem Himmel, das uns weiterhilft, ein Problem löst oder uns eine Chance eröffnet, die zuvor weit und breit nicht in Sicht war.

> **Kernsatz:** Wenn wir etwas wirklich wollen und uns mit unseren Gedanken und unserem Herzen intensiv damit verbinden, dann geschehen scheinbare Wunder, die uns helfen, es zu erreichen.

Eine solche ‚Wundergeschichte' erzählte mir Bernhard Mack, Leiter des CoreDynamik-Instituts, im Rahmen meiner Ausbildung als Coach und Trainerin. Neben seiner vielschichtigen Arbeit als Psychologe, Trainer und Autor war und ist Bernhard Musiker mit Leib und Seele. Als er noch sehr viel jünger war, war es sein Traum, Saxophon in einer Rockband zu spielen. Davon war er zwar noch sehr weit entfernt, aber immerhin probte er regelmäßig mit einer dreiköpfigen Band in einem Raum über der örtlichen KFZ-Werkstatt. Dieser Raum, so erzählte er, war ein wahr gewordenes Klischee:

es stank und war schmutzig, überall standen leere Bierflaschen und volle Aschenbecher herum. Den blinden Schlagzeuger mussten sie dort immer hinauftragen und sein Schlagzeug präzise um ihn herum justieren, sodass er spielen konnte. Auch der Gitarrist spielte mit geschlossenen Augen und Bernhard tat es ihm gleich. Völlig unvermittelt, während einer Probe, spürte Bernhard eine leichte Berührung am Arm. Und er hörte eine Stimme, die fragte: *„Kannst du auch nach Noten spielen?"* Er hatte nicht bemerkt, dass jemand den Raum betreten hatte. Ja, er könne auch nach Noten spielen, antwortete er. Eine Woche später war er Mitglied einer Rockband, deren Saxophonist kurzfristig abgesprungen war. Die Band war professionell aufgestellt und in den Medien vertreten. Bernhard hatte ‚alle Finger voll zu tun', sein Können so schnell wie möglich dem Niveau der Band anzunähern. Er wurde regelrecht mitgezogen und machte eine rasante Entwicklung durch, von der er einige Wochen zuvor in dem Proberaum über der KFZ-Werkstatt noch nicht einmal geträumt hatte.

Das ist ein Wunder. Und es wurde dadurch möglich, dass Bernhard Mack auf seine Vision zusteuerte, indem er Saxophon in einer Band spielte. Die Band, mit der er anfing, mag ein Trio leidenschaftlicher Anfänger gewesen sein. Aber nur weil er überhaupt gespielt hat, konnte ihn jemand hören. Und dieser jemand suchte zufällig gerade dringend einen Saxophonisten. Das ist die ganze Magie. Wenn wir uns mit unserer Vision identifizieren, tragen wir unseren Wunsch in die Welt. Und nur dann kann die Welt darauf antworten. Wenn unsere Gedanken verstärkt um eine Sache Kreisen, nehmen wir plötzlich überall Hinweise darauf wahr. Die Frau, die sich ein Kind wünscht, sieht mit einem Mal überall Schwangere und kleine

Kinder. Wir interessieren uns für eine bestimmte Automarke und sehen in der Stadt auf einmal an jeder Ecke ein solches Fahrzeug. In dem Moment, wo wir uns auf ein Thema fokussieren und darüber sprechen, bemerken wir auch, dass es in unserem Bekanntenkreis viele Menschen gibt, die uns Hinweise dafür geben können oder interessante Kontakte haben. So kommt der Stein ins Rollen.

4.3 Träume und Pläne

„Verträumt nicht Euer Leben, erlebt Eure Träume!"
(Manfred von Ardenne)

Hast du bereits eine Vision von deiner Zukunft in der Musikbranche? Vielleicht kannst du deine Vorstellungen schon so konkret benennen, wie es der Grafikdesigner Adopekid in einem Interview tut:

„Ich möchte mich mit meiner Arbeit in der Musikszene fest etablieren und der gefragteste Grafikdesigner in Gesamtdeutschland werden." [1]

Wenn dies der Fall ist, dann wirst du vielleicht einige der nachfolgenden Übungen dieses Kapitels überspringen wollen. Mein Rat ist: Wenn du bereits genau weißt, was du willst, dann überfliege die Texte und Übungen und suche dir die Anregungen heraus, die deine Vision weiter konkretisieren.

Die folgenden zehn Schritte führen dich strukturiert von deinen bisherigen Zukunftsplänen zu völlig neuen Ufern. Sie vermitteln dir neue Inspirationen und lassen dich deine eigene Erfolgsgeschichte schreiben. Aus dieser filterst du die Essenz deiner Vision, den Wesenskern, heraus. Dieser Wesenskern macht es möglich, einen Teil deiner Vision gleich heute in deinem Leben zu verwirklichen. Die letzten Übungen dienen dazu, deine Vision in deinem Bewusstsein fest zu verankern, sodass sie dich wie ein Leitstern begleiten, bestärken und führen kann.

Du kannst dir die Zeit nehmen und alle Übungen direkt nacheinander bearbeiten. Das hat den Vorteil, dass du am Ball bleibst und nicht immer wieder neu an deine Gedanken anknüpfen musst. Die andere Variante ist, dass du Pausen zwischen den Übungen machst. Dann wirst du zwar immer erst einmal wieder den Faden aufnehmen müssen, aber das gibt der Übung auch mehr Zeit, in deinem Unterbewusstsein zu wirken und weitere Erkenntnisse zum Vorschein zu bringen. Ich rate dir aber, alle Übungen möglichst in einem Zeitraum von ungefähr einer Woche zu bearbeiten.

Lade dir das **Arbeitsblatt 4.1** aus dem Internet herunter. Es dient dazu, deine Ergebnisse aus allen Übungen im Überblick darzustellen und entspricht der Abbildung auf der nächsten Seite. Als Beispiel kannst du dir auch die erarbeitete Vision von Sebastian aus dem Internet herunterladen, die du auch hier auf der Rückseite des Arbeitsblatts findest.

MEINE VISION
ALS LEITSTERN

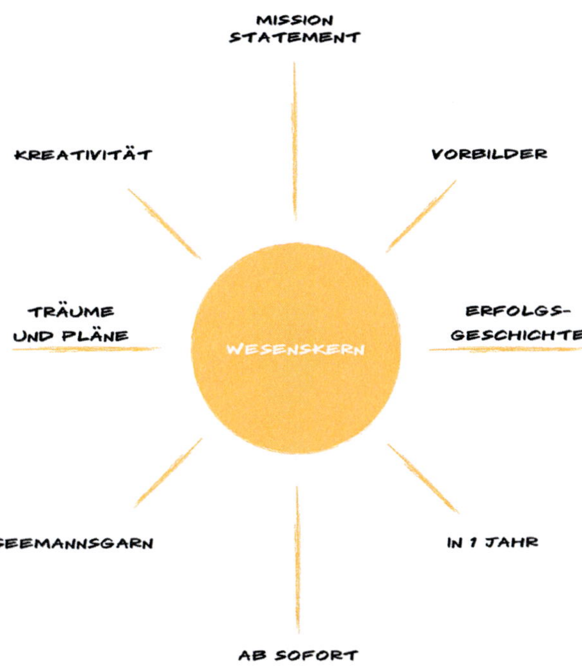

Arbeitsblatt 4.1: Meine Vision als Leitstern

Sebastian

MEINE VISION ALS LEITSTERN

- Ich suche andere Musiker und lade sie zum Proben ein
- Ausprobieren
- Alben & Konzerte

Spug =
Der melancholische Leichtathlet, der keinen Sinn im Siegen sah.

MISSION STATEMENT

Opfer
- keine Verunglimpfung schlechter Musiker mehr
- ehrlich sagen, wenn jemand nicht zu mir passt.

KREATIVITÄT

VORBILDER

Sigur Rós
- Leute für eine Band
- Studio im Wald

TRÄUME UND PLÄNE

- eigene Songs
- Outstanding
- Sigur Rós

WESENSKERN
alleine + zusammen mit anderen "feinsinnigen" Musikern experimentieren
- produzieren & touren
- dicht am Leben sein

ERFOLGSGESCHICHTE

- komponieren & texten
- Gespür für die Musik
- nicht wiederholen

SEEMANNSGARN

- Leben unterwegs
- spartanisch
- Risiko

AB SOFORT
Weltmusik im Radio

IN 1 JAHR

- Neue Leute mit besonderen Instrumenten
- Cooles Demo
- positiver Ablauf

Sebastians erarbeitete Vision

4.3.1 Kernübung: Träume und Pläne

Mit dieser Übung knüpfen wir an die Ergebnisse aus Kapitel 2 an. Du kannst auf dein ‚Profil als Wegweiser' zurückgreifen, wenn du jetzt dein Bewusstsein auf deine derzeitigen Zukunftspläne und -träume richtest. Sammle einfach das, was an Ideen da ist und was dir wichtig ist. Es geht nicht um Leistung oder um das korrekte Erfüllen einer Aufgabe. Die Zeit für die Beantwortung ist bewusst knapp gehalten, damit sich die Übung nicht in endlosem Grübeln verliert. Unbewusst arbeitet die Frage aber weiter und es können auch im Nachhinein noch zündende Ideen entstehen, die wir durch angestrengtes Nachdenken nicht hätten generieren können.

Arbeitsschritte:

▸ Beantworte innerhalb von zehn Minuten die Frage: *„Wie stelle ich mir mein perfektes Leben als Musikerin / Musiker vor?"*

▸ Lasse auch Vorbilder einfließen, wenn du welche hast.

▸ Notiere Stichpunkte oder schreibe einen Fließtext.

▸ Wenn du Anlaufschwierigkeiten hast, könnten dich die Beispiele von Johanna und Sebastian inspirieren. Hier siehst du, dass die Vision mehr umfassen kann, als nur dein Berufsleben.

▸ Nach den fünf Minuten unterstreichst du in deinen Notizen die drei bis fünf wichtigsten Begriffe, die deine Vision charakterisieren.

> Trage diese Begriffe auf deinem Arbeitsblatt an der entsprechenden Stelle ein.

Beispiele
Johannas Träume:

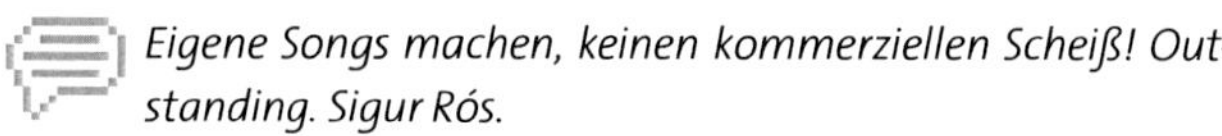

„Ich möchte mich als Gitarristin durchsetzen und Anerkennung finden. Mein Vorbild ist Susan Weinert. Ich fände es toll, wenn Zeitungen mich interviewen. Und ich will alles über Gitarren wissen, eine richtige Expertin sein. Das Größte wäre, mit einer selbst gebauten Gitarre auf einer Bühne zu stehen! Ich will auch Kinder. Ich möchte keine finanziellen Sorgen haben. Ich will immer genug Zeit in der Natur verbringen können.“

Sebastians Träume:

Eigene Songs machen, keinen kommerziellen Scheiß! Outstanding. Sigur Rós.

4.4 Der innere Zensor

„Du siehst Dinge und sagst: Warum? Aber ich träume von Dingen, die es nie gab, und sage: Warum nicht?“
(George Bernhard Shaw)

Manchen fällt es leicht, sich ein großartiges Leben auszumalen und offen davon zu erzählen. Andere wiederum können sich fast nicht eingestehen, was sie wirklich wollen. Denise nahm vor einigen Jahren an meinem Workshop teil. Ganz leise, nach einigem

Winden, gestand sie mir unter vier Augen, dass sie davon träumte, unter dem Jubel vieler Fans im Paillettenkleid aus einer Limo zu steigen, über den roten Teppich zu schreiten, im Blitzlichtgewitter zu baden, sich nach rechts und nach links mit einem strahlenden Lächeln in Pose zu werfen und dann in dem Gebäude zu verschwinden. Ich konnte mir Denise wunderbar vorstellen, wie sie Glamour versprühte. In ihr aber gab es eine Instanz, die ihr diese Vorstellung verbot.

> **Kernsatz:** Wir alle haben eine innere Kontrollinstanz, die unsere Träume zensiert. Deshalb kann es uns schwer fallen, uns selbst und anderen manche Wünsche einzugestehen. Dieser Mechanismus schränkt unseren Möglichkeitenraum ein.

Diese Kontrollinstanz ist von Kindheit an durch unsere Erfahrungen geprägt. Wer von uns ist nicht von Freunden oder Geschwistern für etwas ausgelacht worden, was uns am Herzen lag? Von den Erwachsenen mussten wir die wichtige Lektion lernen, dass das Leben kein ‚Wunschkonzert' ist, wenn wir von unseren Träumen erzählten. Unsere innere Kontrollinstanz schützt uns davor, solche verletzenden und enttäuschenden Erfahrungen zu wiederholen. Deshalb behalten wir unsere Träume lieber für uns oder gestehen sie uns gar nicht erst ein, was sehr schade ist. Gleichzeitig schützt uns diese innere Zensur aber auch davor, uns blindlings in große Gefahren zu stürzen. Wenn wir alles umsetzen würden, was uns durch den Kopf geht, würde das in einem großen Schlamassel enden. Angenommen wir gehen durch die Stadt und sehen eine Frau mit einem Eis. Wir denken: *„Das hätte ich jetzt gerne!"* Ohne unsere Kontrollinstanz würden wir hinüber gehen und der Frau das Eis entreißen, um es selbst zu genießen. Und dieses harmlose Scharmützel wäre nur der Anfang!

Diese innere Kontrollinstanz dient uns also dazu, im täglichen Leben zu bestehen. Ihre Nebenwirkung ist leider, dass sie uns zum Teil auch von Handlungen abhält, die wichtig für uns wären. Unser innerer Zensor sagt: *„Du wirst dich blamieren, alle werden über dich lachen!"* oder *„Es gibt andere Musiker, die sind viel besser als du. Niemand da draußen wartet ausgerechnet auf dich!"* So ging es auch Petra Schechter früher. Schon als kleines Kind träumte sie davon, Sängerin zu werden. Von Musik umgeben wuchs sie auf und konnte schon pfeifen, noch ehe sie zu sprechen gelernt hatte. Als Jugendliche schwänzte sie die Schule, um zu Hause Texte einzustudieren oder sich Songs zu erarbeiten. Sie hatte die Vision, als Sängerin auf der Bühne zu stehen und den Soul zu singen. Dass dies wahr werden könne, hielt sie allerdings für ausgeschlossen. Ihre innere Kontrollinstanz sagte: *„Du bist nicht gut genug, um vor Leuten zu singen! Versuch es gar nicht erst ernsthaft!"*

Viele Jahre später sah sie im Fernsehen die Ausstrahlung einer großen Veranstaltung gegen Ausländerfeindlichkeit im Hamburger Thalia-Theater. Dort trat auch die Soulsängerin Queen Jana auf. Begleitet wurde sie von einem Chor, der aus einer dunkelhäutigen Frau, einem dunkelhäutigen Mann und einer hellhäutigen Frau bestand.

Tief beeindruckt von den Stimmen dieses Chores dachte Petra sehnsuchtsvoll: *„Ja, so können eben nur Farbige den Soul singen.*

Gut, dass ich das gar nicht weiter probiert habe, ich wäre ja doch nie gut genug geworden.“ Kurz darauf verschwanden die beiden schwarzen Backgroundsänger von der Bühne und die zierliche blonde Frau trat nach vorne an das Mikrofon, um mit Queen Jana ein Duett zu singen. Vollkommen perplex realisierte Petra, dass die große Stimme, die sie im Background herausgehört hatte, zu dieser kleinen blonden Frau gehörte. Das hatte sie nie für möglich gehalten!

Ein glücklicher Zufall sorgte dafür, dass sie dieselbe Frau mit der großen Stimme nur wenige Wochen später live in Angie's Nightclub in Hamburg erlebte. Petra nahm all ihren Mut zusammen und sprach sie an. Sie wollte unbedingt Unterricht bei ihr nehmen. Und tatsächlich, die beiden verabredeten sich. In der ersten Stunde sang Petra mit der Gitarrenbegleitung ihrer neuen Lehrerin – sie hieß Floy [2] – den Song ‚You've got a friend'. Als sie fertig war, ließ Floy die Gitarre sinken und fragte Petra, ob ihr eigentlich klar sei, was für ein unglaubliches Talent sie habe. Nein, das war ihr nicht klar gewesen. Aber damit nicht genug. Es dauerte nicht lange, da wollte Floy Petra bei ihren Auftritten dabei haben. Sie trat regelmäßig mit ihrer Band in Kiel auf und überredete ihre neue Schülerin, mit auf die Bühne zu kommen. Es fiel Petra sehr schwer, diesen Schritt zu wagen, so stark war der innere Widerstand. Sie konnte sich noch immer nicht vorstellen, als Sängerin vor Publikum zu stehen. Doch sie wagte es, sie traute sich auf die Bühne. Und sie erntete begeistertes Feedback von den anderen Musikern, die nicht glauben konnten, dass dies ihr erster Auftritt gewesen war. Bald gehörte sie zur festen Besetzung. Heute sagt Petra, dass sie von diesem Moment an wusste, dass sie mit dem Singen nicht mehr aufhören würde. Sie ist inzwischen Profisängerin und hat selbst viele Schüler, die sie mit ihrem eigenen Konzept für Atem-, Stimm- und Gesangscoaching begleitet.

4.4.1 Vertiefungsübung: Seemannsgarn

Mit dieser Kreativitätstechnik erweitern wir die Grenzen, die deine innere Kontrollinstanz deiner Vorstellungskraft setzt. Mit dem Seemannsgarn entwickelst du eine Vision, die bewusst nichts mit deinen wirklichen Plänen zu tun hat. Der Effekt ist, dass der innere Zensor sich nicht einschaltet, denn was du gar nicht tun willst, ist ja auch nicht wirklich gefährlich.

Arbeitsschritte:

▶ Verändere etwas in deiner Umgebung als Signal dafür, dass du jetzt etwas Verrücktes tust. Drehe deinen Stuhl so um, dass die Beine nach oben zeigen, du wirst ohnehin umhergehen, während du dir Gedanken machst. Wenn du keinen Stuhl hast, dann lege die Sofakissen auf den Boden oder stelle den Tisch diagonal.

▶ Markiere dir einen Zeitraum von sieben Minuten. Es ist am besten, wenn du nicht auf die Uhr schauen musst, sondern ein Signal bekommst. Der Countdown an deinem Handy könnte das passende Instrument sein, oder auch eine Eieruhr.

▶ Wenn du soweit bist, dann stehe auf und bewege dich sieben Minuten lang ziellos durch dem Raum. Bleibe in Bewegung, halte nicht an.

▶ Nutze die Zeit, um dir einen Lebensentwurf auszudenken, der mit deinen wirklichen Plänen nichts gemeinsam hat. Dabei musst du dich nicht unbedingt gedanklich z.B. von deiner Partnerin oder von deinem Hund verabschieden, aber was deine berufliche Laufbahn angeht, sollte wirklich nichts darin vorkommen, was du bisher ins Auge gefasst hast. Dabei sind deiner Fantasie keine Grenzen gesetzt, es geht nicht um realisierbare Projekte. Du kannst das Feld der Musik einbeziehen, aber nur in einer völlig neuen Form. Lass dich nicht von möglichen Gedanken abschrecken, dass du so etwas nicht könntest (das ist wieder der innere Zensor, der da spricht). Probier es einfach aus. Stell in deiner Umgebung oder an deiner Körperhaltung etwas um, starte den Countdown und setze dich in Bewegung.

▶ Notiere nach den sieben Minuten stichpunktartig, was du dir ausgedacht hast.

▶ Wenn du noch nicht weißt, was gemeint ist, kannst du dir durch die nachfolgenden Beispielen von Sebastian und Johanna einen Eindruck verschaffen. Ansonsten beginne jetzt mit deinem siebenminütigen Gedankenexperiment.

In meinen Workshops simulieren wir im Anschluss an das siebenminütige verrückte Brainstorming ein ‚Kurstreffen nach 10 Jahren'. Das Szenario sieht so aus, dass alle Teilnehmerinnen und Teilnehmer aus den unterschiedlichsten Teilen der Welt (einer landete auch aus dem Weltraum) angereist sind, um sich wiederzutreffen. Alle erzählen dann in der Runde ihr ‚Seemannsgarn', also was sie in der Zwischenzeit erlebt haben. Der Unterhaltungswert ist unübertroffen!

Beispiele
Sebastian:

„Hallo erstmal! Ich komme gerade aus der Türkei. Nach dem Workshop vor 10 Jahren habe ich meine Musikerkarriere an den Nagel gehängt. Ich habe eine umwerfende Frau kennen gelernt, eine Zigeunerin, und mit ihr bin ich seitdem on the road. Mein Geld verdiene ich als Messerwerfer. Mara und ich haben einen Bus und entweder sind wir mit dem unterwegs oder wir trampen. In den Orten suchen wir uns einen Markt oder irgendwas, wo gerade viel los ist. Mara stellt sich dann in Fetzen gekleidet vor eine Holzwand und ich werfe Messer, die um sie herum in das Holz donnern. Hätte heute fast nicht kommen können, weil die Bullen in der Türkei mich wegen versuchter Körperverletzung festnehmen wollten. War echt knapp, aber jetzt bin ich ja hier. Ab und zu spiele ich auch Akkordeon und Mara tanzt dazu, aber sonst habe ich mit der Musik echt nichts mehr zu tun."

Johanna:

„Ich bin aus China eingeflogen, wo mein Mauerprojekt, das ich vor 10 Jahren nach dem Workshop begonnen habe, fast fertig ist. Damals habe ich die Initiative „Friedensmauer" gegründet. Nach langem Gang durch die Instanzen und großem Fundraising-Aufwand, hatte ich endlich grünes Licht. Seitdem konnte ich Künstler aus aller Welt dazu animieren, sich an dem Projekt zu beteiligen. Wir gestalten die einzelnen Steine der chinesischen Mauer künstlerisch und transformieren damit diesen uralten Grenzwall in ein Monument der interkulturellen Verständigung und des grenzenlosen Auf-

rufs zum Frieden auf der Welt. Da kommen total berühmte Maler und Bildhauerinnen, ganze Gruppen von Friedensorganisationen oder alternative Reiseveranstalter mit ihren Touristen, um Steine zu gestalten. Es hat sich ein weltweites Unterstützungsnetzwerk entwickelt – ist von Euch jemand Mitglied? Vielleicht habt Ihr es mitbekommen, es gab einen ziemlichen Heckmeck um die Sache, als die chinesische Regierung verhindern wollte, dass eine Gruppe von tibetischen Mönchen an dem Projekt teilnahm. Meinen eigenen Stein habe ich übrigens bespielt. So ganz wollte ich die Musik nicht aufgeben, aber ich bin auf Klarinette umgestiegen. Ich habe einen ganzen Tag vor meinem Stein meditiert und habe dabei eine Melodie für ihn entstehen lassen. Daraus habe ich einen Song gemacht und die zentrale Line in den Stein gemeißelt."

4.4.2 Übung: Seemannsgarn auswerten

Laut Aufgabenstellung sollte ein Lebensentwurf entwickelt werden, der mit unseren tatsächlichen Vorstellungen nichts gemeinsam hat. Aber die verrückten Ideen, die wir bei so einer Übung produzieren, haben natürlich trotzdem etwas mit uns zu tun. In all meinen Workshops habe ich noch nie zweimal das gleiche ‚Seemannsgarn' gehört. Die Gedanken, die wir hier zusammenstricken, fallen ansonsten durch unser Zensierungsraster unseres Verstandes, das nach Kriterien wie Sicherheit, Realisierbarkeit oder soziale Erwünschtheit sortiert. Das ist wichtig und hilfreich. Aber es ist auch wichtig, dass wir diese innere Kontrollinstanz gelegentlich überprüfen. Unser vorliegendes ‚Seemannsgarn' besteht sozusagen aus Ausschussgedanken. Es lohnt sich, diesen bunten Haufen einmal anzuschauen. Vielleicht ist ja etwas darunter, was man doch gebrauchen könnte.

> ▶ Schau dir deine Seemannsgarnnotizen an und prüfe, ob da etwas dabei ist, was doch etwas mit dir zu tun hat. Unterstreiche die Worte, die etwas in dir auslösen und übertrage die drei bis fünf wichtigsten in dein Arbeitsbaltt.

Beispiel

Johanna fand die Idee interessant, gemeinsam mit Künstlern anderer Disziplinen öffentliche Projekte zu machen. Auch das Interkulturelle daran gefiel ihr. Richtig fasziniert war sie von der Idee, sich von einem Gegenstand wie einem Stein, der seit Jahrhunderten die Geschichte an sich vorbeiziehen sieht, zu einer Melodie inspirieren zu lassen. Tatsächlich auf Klarinette umzusteigen, kam für sie allerdings nicht infrage.

Sebastian fühlte sich vor allem von dem Leben unterwegs angesprochen. Er erzählte, dass seine Wohnung auch total spartanisch eingerichtet sei und dass er außer der Musik nicht viel zum Leben brauche. Die aufzugeben, wäre also überhaupt nicht denkbar. Ich fragte ihn, ob er einen gewissen Nervenkitzel liebe. Messerwerfen müsse es nicht gerade sein, sagte er, aber er wäre schon ein Typ, der mit Risiken gut leben könne.

Wenn wir Ideen entwickeln, die mit unseren eigenen Plänen nichts zu tun haben sollen, erfahren wir also trotzdem etwas über uns selbst.

4.5 Kreativität

„Kreativität ist die Fähigkeit, völlig unterschiedliche Dinge in Zusammenhänge zu bringen." (Albert Einstein)

Eine Vision zu entwickeln, bedeutet in erster Linie, nach innen zu hören und freizulegen, was dort angelegt ist. Und gleichzeitig ist es ein kreativer Imaginationsprozess. Wir nehmen das Potenzial, das wir heute schon sehen können und fügen etwas hinzu, indem wir uns vorstellen, in welcher Form es sich entfalten könnte.

So ist das Konzept entstanden, mit dem für Roger Cicero 2006 der Durchbruch gelang. Roger war seit vielen Jahren in Fachkreisen als hervorragender Profisänger bekannt und konnte sich an einer guten Auftragslage erfreuen. Vor ungefähr zwei Jahren entschied sich Roger für einen neuen Schritt. Er wollte die Zusammenarbeit mit einem Management wagen und setzte sich mit dem Artist & Music Management Heinrich & De Wall zusammen. Gemeinsam wurde an einem neuen Konzept gesponnen. Karin Heinrich und Freddie de Wall hatten gleich zu Beginn die Vision von Roger mit einer Big Band und einer Showtreppe (Im Rückblick, so sagt Roger heute, sei es fast *„spooky"*, dass bei seiner zweiten Tournee tatsächlich eine Showtreppe auf der Bühne steht). Sie fragten sich, was man dem hinzufügen könne, um etwas Neues zu kreieren. So entstand die Idee, den Swing mit deutschen Texten zu kombinieren. Für Roger war das zunächst vollkommen neu, er hatte immer englisch gesungen. Doch er ließ sich darauf ein.

> **Kernsatz:** Kreativität bedeutet, scheinbar Unzusammenhängendes zu kombinieren und so etwas Neues zu erschaffen. So können sich Nischen auftun, die trotz der großen Konkurrenz im Musikmarkt noch unbesetzt sind.

Eine Nische zu besetzen ist ein möglicher, wenn auch kein zwingender Erfolgsfaktor. Unzählige Künstler sind über Jahre hinweg in interessanten Nischen schöpferisch aktiv, ohne dass die Öffentlichkeit darauf aufmerksam wird. Eine ähnliche Perspektive malten sich auch Roger Cicero und sein Management aus. Sie wiesen auch die Plattenfirma immer wieder darauf hin, dass dies ein Aufbauprojekt sei, bei dem man einen langen Atem haben müsse, bis man ein größeres Publikum dafür begeistern könne.

Zur Überraschung aller kam es anders. Die Plattenfirma Warner ließ sich auf das Experiment ein. Es wurden für Roger diverse Publicity-Termine organisiert, unter anderem ein Auftritt in der Sendung ‚Nur die Liebe zählt‘, zwei Tage nach Veröffentlichung des Albums. Der Tag war regnerisch, Deutschland saß daheim vor dem Fernseher und die Show verbuchte die höchste Einschaltquote des ganzen Jahres. Das war der Durchbruch. An demselben Abend noch schnellte Rogers CD ‚Männersachen‘ in den Amazon-Verkaufscharts von einem Rang um die 60 auf Platz Zwei. Die Trendcharts zogen rasch nach und der weitere Verlauf von Rogers Karriere lässt sich in der Presse nachlesen, die von nun an großes Interesse an seiner Person zeigte. Hier sind ein gutes Konzept und professionelle Arbeit auf einen glücklichen Zufall getroffen.

Das ist nicht das erste Mal, dass ein lange bekannter Musikstil durch die neue Kombination mit der deutschen Sprache auf Begeisterung gestoßen ist. Auch die Entwicklung des deutschen Raps dokumentiert, dass sprachliche Experimente ganze Bewegungen in Gang setzen können. In den Anfangsjahren des Hiphops in Deutschland war es ein Tabu, auf Deutsch zu rappen. Doch es traute sich jemand, diese Grenze zu übertreten und bereitete damit einer ganzen neuen Szene den Weg.

Eine weitere kreative Leistung ist die Schöpfung einer Musikrichtung namens ‚Elektrolore' aus alt bekannten Elementen. *„Bei Alexander Marcus prallen die beiden großen und eigentlich entgegengesetzten Volksmusiken aus Deutschland aufeinander: Techno und Schlager, Szeneclub und ‚Musikantenstadl', Hipster- und Spießertum."* So beschreibt Spiegel Online das Phänomen [3]. Doch nicht nur Musikstile und Sprachen laden zu kreativen Kombinationen ein, auch die Handhabung von Instrumenten bietet Raum für neue Möglichkeiten. Jónsi Birgisson, Sänger und Gitarrist der Band Sigur Rós [4] spielt seine E-Gitarre häufig mit einem Geigenbogen. Damit ist er nicht der erste, auch Jimmy Page hat als Gitarrist von Led Zeppelin den Geigenbogen für ein Gitarrensolo eingesetzt. Und doch ist es eine der Eigenarten, die Sigur Rós und ihrer Musik so einen hohen Wiedererkennungswert geben.

Ein weiteres Beispiel für das Entstehen von etwas Neuem durch die Verknüpfung von Bestehendem, haben Angelica Fleer und Richard Schönherz geschaffen. Die beiden Musiker machten aus ihrer gemeinsamen Faszination für die Gedankenwelt und sprachliche Kraft des Dichters Rainer Maria Rilke ein Projekt: Das

Rilke Projekt [5]. Das Team Schönherz & Fleer konnte prominente Sprecher für die verbale Interpretation der Texte gewinnen und unterlegte diese musikalisch mit eigenen Kompositionen. Damit erschlossen sie vielen Menschen einen ganz neuen Zugang zu der zeitlosen Lyrik Rilkes.

Die bis jetzt genannten Beispiele bewegen sich im Rahmen des künstlerischen Schaffens. Doch unsere Vision kann auch andere Lebensbereiche einbeziehen, die Kombination von Musik mit anderen Berufsfeldern zum Beispiel. Petra Schechter coacht Menschen, die ihre Stimme beruflich stark einsetzen. Das sind nicht nur Sänger, sondern zum Beispiel auch Schauspieler, Lehrer und Sprecher. Peer Frenzke ist Musiklehrer an einer staatlichen Schule. Darüber hinaus steht er als Gitarrist auf der Bühne und arbeitet an seinem eigenen Konzept ‚Band ohne Noten'. Stefanie Hundertmark schafft sich eine sichere finanzielle Basis mit einem Teilzeitjob, um nicht allein auf die unkalkulierbaren Honorare als Sängerin angewiesen zu sein. Uwe Seemann arbeitet als Veranstaltungstechniker und Gitarrenlehrer, wenn er nicht als Bassist oder als Vater einer Patchworkfamilie aktiv ist. Auch Birdy Jessel gelingt es als alleinerziehende Mutter, Familienleben und ihren Beruf als Saxophonistin und Sängerin zu organisieren. Petra Thelen bezieht ihre Interessen für Pädagogik und Psychologie in ihr Unterrichtskonzept ein.

4.5.1 Vertiefungsübung: Kreative Verknüpfung

Erinnere dich an deinen Wegweiser aus Kapitel zwei. Welche Elemente deines Profils könntest du zu etwas Neuem verbinden? Dies ist eine kreative Übung. Es geht noch nicht darum, eine Vision zu beschreiben, die du tatsächlich umsetzen willst. Betrachte es als spielerisches Puzzlen mit deinen Anlagen. Das Ziel ist, eine neue Denkweise auszuprobieren: Um etwas Neues zu erschaffen, muss ich nicht in der Ferne suchen, sondern kann das, was bereits vorhanden ist, einfach einmal anders zusammensetzen.

Arbeitsschritte:

▶ Nimm dein Profil als Wegweiser zur Hand und wähle aus all deinen Anlagen zwei Stichpunkte aus.

▶ Nimm dir drei Minuten Zeit und skizziere mit ein paar Sätzen ein Konzept, was für ein Projekt du mit diesen beiden Anteilen von dir ausprobieren könntest. Sei ruhig verrückt, denke quer und kümmere dich nicht darum, dass dieses Projekt eine realistische Chance haben müsste.

▶ Wiederhole diese Übung mit zwei weiteren Wortpaaren. Nimm dir je Wortpaar drei Minuten Zeit.

▶ Werte die Ergebnisse so aus, wie das Seemannsgarn. Unterstreiche eine oder mehrere Ideen, die dir gefallen und trage sie auf deinem Arbeitsblatt unter dem Punkt ‚Kreative Verknüpfung' ein.

Als Beispiel siehst du hier die Ergebnisse der ersten Wortpaare von Sebastian und Johanna.

Beispiele
Sebastians Wortpaar 1: Leichtathletik – melancholisch

- *Musik für melancholische Leichtathleten.*
- *Forschen: sind Leichtathleten weniger melancholisch als Normalbürger?*
- *Sportinitiative an Schulen: Leichtathletik gegen die pubertäre Melancholie.*
- *Einen Song über einen melancholischen Leichtathleten, der keinen Sinn im Siegen sah.*

Johannas Wortpaar 1: Gitarre bauen – Landkarten

- *Gitarre auf einer Reise bauen*
- *Die Werkstatt, in der ich eine Gitarre baue, mit Landkarten auskleiden und davon träumen, wo ich überall mit der Gitarre auftreten könnte*
- *Eine Gitarre mit einer Landkarte beschichten*
- *Alle Gitarrenbauer auf einem bestimmten Abschnitt einer Landkarte besuchen*
- *Auf einer Gitarre eine Landkarte eingravieren*
- *Gitarrenkoffer mit Landkarten auskleiden*
- *Die Gitarre ‚Landkarte' nennen*

4.6 Deine eigene Erfolgsgeschichte

„Keiner von denen, die jemals etwas erreicht haben, wusste vorher, wie er es bewerkstelligen würde. Alle wussten nur, dass sie es tun würden." (Bob Proctor)

Es ist hier von vielen Erfolgsgeschichten die Rede. Sie erzählen davon, wie es die einzelnen Musiker geschafft haben, ihr Potenzial zu entfalten und wie Träume wahr geworden sind. Genau so entstehen Erfolgsgeschichten: rückwärts. Man wartet, bis der Erfolg da ist, denn erst dann kann man davon erzählen. Vorher weiß man ja nicht, ob es ein Erfolg wird. Es gehört sehr viel Mut dazu, sich selbst eine Erfolgsgeschichte zuzutrauen, ehe sie geschehen ist, zumal man ja noch gar nicht weiß, wie man das alles zuwege bringen soll!

> **Kernsatz:** Wir müssen unseren ganzen Mut, unser Selbstvertrauen und den Glauben an die unterstützenden Kräfte des Lebens zusammennehmen, um eine Vision zu entwickeln, die groß genug ist für die Entfaltung unseres ganzen Potenzials.

Das berühmte Zitat von Nelson Mandela beschreibt wunderbar die Angst vor unserer eigenen Größe und wie wichtig es ist, dass wir unser Vermögen anerkennen:

„Unsere tiefste Angst ist nicht, dass wir nicht gut genug sind. Unsere tiefste Angst ist, dass wir unermesslich kraftvoll sind.

Es ist unser Licht, das wir fürchten, nicht unsere Dunkelheit. Wir fragen uns: „Wer bin ich denn eigentlich, dass ich leuchtend, hinreißend, begnadet und phantastisch sein darf?" Wer bist du denn, dass du das nicht sein darfst? Du bist ein Kind Gottes.

Wenn du dich klein machst, dient das nicht der Welt. Es hat nichts mit Erleuchtung zu tun, wenn du dich verminderst, damit andere um dich herum sich nicht verunsichert fühlen.

Du wurdest geboren, um die Großartigkeit Gottes zu verwirklichen, die in uns ist. Sie ist nicht nur in einigen von uns, sie ist in jedem Menschen.

Und wenn wir unser Licht erstrahlen lassen, geben wir unbewusst den anderen Menschen die Erlaubnis, dasselbe zu tun. Wenn wir uns von unserer Angst befreit haben, wird unsere Gegenwart ohne unser Zutun andere befreien."

Dieser Glaube an uns selbst und das Vertrauen in die ‚glücklichen Zufälle' des Lebens können unsere Vorstellungskraft beflügeln und unsere Kreativität in Fluss bringen. Die vorangegangenen Übungen waren das Aufwärmtraining. Jetzt geht es um das Formulieren einer echten Vision.

4.6.1 Vertiefungsübung:
Deine Erfolgsgeschichte

Stell dir vor, ich würde dieses Buch in 10 Jahren noch einmal schreiben. Ich würde dich als erfolgreichen Musiker oder erfolgreiche Musikerin interviewen. Was würde man in diesem Buch über dich lesen?

Zehn Jahre ist ein Zeitraum, in dem sich sehr viel verändern kann. Das kannst du leicht überprüfen, indem du daran zurückdenkst, wie dein Leben vor zehn Jahren aussah. Da hat sich einiges getan und vieles davon konntest du dir damals sicher noch nicht vorstellen.

In dieser Übung gehen wir zweigleisig vor. Zum einen öffnest du dich für deine Wünsche, wie dein Leben als Musikerin oder Musiker aussehen soll. Zum anderen meldet sich mit großer Sicherheit deine innere Kontrollinstanz mit einigen Bedenken, wenn du deine Vision benennst. Das ist eine großartige Gelegenheit, diese Bedenken aufzugreifen, um sie später zu überprüfen.

Arbeitsschritte:
▶ Bereite dich vor, indem du dein bisheriges Material sichtest, also das zum Teil ausgefüllte Arbeitsblatt ‚Meine Vision als Leitstern auf dem Weg' sowie dein vollständiges ‚Profil als Wegweiser'. Wenn der Tanz mit dem Wegweiser (Vertiefungsübung 2.5 auf Seite 84) für dich eine gute Übung war, um dein Profil wirklich zu fühlen und nicht nur vor dir auf dem Zettel zu haben, dann empfehle ich dir, sie jetzt zu wiederholen. Leg

noch einmal deine Musik auf und verinnerliche deine Stärken, Interessen, Träume, Persönlichkeit und deine Berufung. Das kann man gar nicht oft genug machen und die entstehende kraftvolle Energie kann dir helfen, die strahlendste Vision deines Lebens zu entwerfen.

▸ Nimm dir zwei Blätter Papier zur Hand. Dem linken gibst du die Überschrift ‚Meine Erfolgsgeschichte', das rechte betitelst du mit den Worten ‚Meine Bedenken'.

▸ Sei dir bewusst, dass du jetzt noch nicht wissen kannst, mit welchen Mitteln und mit welcher Unterstützung deine Pläne aufgehen werden. Die folgenden Regeln helfen dir bei der Formulierung deiner Vision:
1. Alles klappt so, wie du es dir vorstellst. Es kann nichts schief gehen.
2. Dir steht alles an Material, Geld und Hilfe zur Verfügung, was du brauchst.
3. Du bist umgeben von Menschen, die dein Potenzial erkennen, dich fördern und dir deinen Erfolg gönnen.

▸ Wenn du dich vorbereitet hast, beginnst du deine Erfolgsgeschichte zu schreiben. Schreibe mindestens eine ganze Seite. Wann immer sich beim Schreiben Bedenken melden, notierst du diesen Einwand deines Verstandes stichpunktartig auf dem rechten Blatt und fährst links fort. Beginne mit dem Satzanfang: *„In zehn Jahren..."* und dann beschreibe in der Gegenwarts- und Vergangenheitsform dein Leben, wie es sich in diesen zehn Jahren entwickelt hat. Sieh auch dich selbst und beschreibe, welche Variante von dir selbst dieses Leben zum Vorschein bringt. Und vergiss nicht, das eine oder andere Wunder in die Geschichte einzuladen.

▶ Unterstreiche anschließend wieder die wichtigsten Punkte und übertrage drei bis fünf davon auf dein Arbeitsblatt unter dem Punkt ‚Erfolgsgeschichte'.

▶ Verwahre deine notierten Bedenken. Sie können dir eine nützliche Hilfe sein, wenn du ein konkretes Projekt planst und die damit verbundenen Risiken prüfst.

Beispiel
Johannas Vision:

„In zehn Jahren bin ich in Deutschland und auch im Ausland als hervorragende Gitarristin anerkannt. Bekannte Musiker fragen mich für Konzerte und Studioproduktionen an. Ich habe aber auch eigene Songs und Alben, die von der Fachpresse hoch gelobt werden. Bekannt bin ich auch für mein Engagement für den Umweltschutz und für die Völkerverständigung. Besonders ein Bild ging durch die Presse und die Fachpresse: Bei einem Konzert, das auf die Nöte der Menschen in einem Kriegsgebiet in Afrika aufmerksam machte, hatte ich meine Gitarre mit der Landkarte des Krisengebietes beschichtet. Meine selbst gestalteten Gitarren sind mein Markenzeichen. Ich habe inzwischen auch herausgefunden, wie ich die Gitarren beschichten kann, ohne dass der Klang leidet. Damit habe ich einen regelrechten Trend ausgelöst. Ich arbeite immer mit verschiedenen

Musikern in Projekten, habe aber eine Crew von Leuten, mit denen ich immer wieder etwas mache, und wir können uns aufeinander verlassen. Jan und ich sind noch zusammen und haben drei Kinder. Wir verdienen so viel Geld, dass wir uns ein Kindermädchen leisten können, für den Fall, dass wir beide mal nicht da sind. Ich teile mir aber die Projekte, die ich annehme, so ein, dass ich auch genug Zeit zu Hause sein kann. Dort habe ich ein eigenes Studio, wo ich alles ausprobieren kann, was ich will und selbst aufnehmen kann. Ich übe immer noch mindestens vier Stunden am Tag. Wir wohnen auf dem Land in Stadtnähe, mit einem riesigen Garten. Ich gebe Workshops in ganz Deutschland. Keinen regelmäßigen Unterricht, das bindet mich zu sehr, aber immer mal wieder Intensivworkshops. Man kennt mich als ausgeglichenen, sehr präsenten und konzentrierten Menschen, ernsthaft, aber auch humorvoll. Susan Weinert hat mich schon mal als Sub angefragt."

Johannas Bedenken:

- *Das ist total eingebildet, so gut bin ich überhaupt nicht und werde es auch nie sein. Ich habe ja erst mit 16 angefangen!*

- *Mit Landkarten beschichtete Gitarren können nicht gut klingen, sonst hätte das längst jemand gemacht.*

- *Gute Eltern sind selbst für ihre Kinder da und bezahlen nicht andere dafür.*

- *Es ist eine Zumutung für Jan, wenn ich von ihm erwarte, verlässlich Geld zu verdienen, damit wir ein Haus und diesen Schnickschnack haben können. Bei mir ist der Geldeingang ungewiss!*

Sebastians Vision:

„In 10 Jahren mache ich gerade eine kreative Pause auf den Malediven. In den Jahren davor habe ich sechs Alben gemacht, von denen vier total gefloppt sind, weil mich einfach noch niemand verstanden hat. Ich habe ein paar Leute gefunden, die auf einem ähnlichen Trip sind wie ich. Für drei dieser Alben hatten wir uns ein improvisiertes Studio im Wald eingerichtet und dort experimentell gearbeitet und die Songs eingespielt. Ich komponiere, texte und arrangiere. Einige meiner Songs stellen Menschen dar, die ihre Rolle nicht so ausleben können oder wollen, wie die Gesellschaft es erwartet. Aber auch die anderen Bandmitglieder sind kreativ dabei. Wir reden eigentlich nicht so viel, sondern setzen uns zusammen und legen los, wir haben ein unglaubliches gemeinsames Gespür für die Musik. Das fünfte Album wurde auch erst leise rumgereicht, bis es auf einmal eingeschlagen ist wie eine Bombe. Wir sind überall getourt und haben total günstige Konzerte gegeben und haben immer bei Fans übernachtet, anstatt in spießigen Hotels. Trotzdem kam dann irgendwie Geld rein, sodass ich aufhören konnte, irgendwelche Jobs nebenher zu machen, um die Miete zu zahlen. Die Welt wollte ein sechstes Album und wir haben es ihr geschenkt. Wieder eine Rakete. Nachdem wir eine dreimonatige Tour durch Europa, Asien und Neuseeland gemacht haben, bin ich jetzt auf den Malediven und leg mal die Füße hoch. Das ist mir wichtig, nicht nur immer in Aktion zu sein, sondern auch mal die Seele baumeln zu lassen und alles nachwirken zu lassen. Sonst zieht das Leben so an einem vorbei. Wir sind uns im Moment nicht sicher ob wir in der Besetzung weitermachen, oder alle mal neue Wege gehen. Wir wollen uns nicht wiederholen.“

Sebastians Bedenken:

- *Es floppen nicht nur vier Alben sondern alle sechs, weil dich keiner versteht, Alter. Wie willst du denn überhaupt andere Musiker finden, die auf deinen Stil einsteigen können?*

- *Ich krieg's ja noch nicht mal hin, eine einzige CD aufzunehmen, zu verpeilt.*

- *Unter der Brücke wirst du landen!*

Die Bedenken der beiden zeigen, dass sie sich mit ihrer Vision wirklich etwas getraut haben. Sie haben ihren Möglichkeitenraum erweitert, indem sie sich ein Leben ausgemalt haben, das sie eigentlich gar nicht für möglich halten. Damit haben sie die Grenzen ihres Vorstellungsvermögens überschritten. Die Bedenken, die beim Formulieren einer Vision entstehen, sind sehr wichtig, um nicht als Traumtänzer den Bodenkontakt zu verlieren. Wenn es an die konkrete Realisierung von Projekten geht, können sie uns helfen, im vorhinein die Risiken einzuschätzen und zu minimieren. Auch wenn es noch so unglaublich erscheint, bin ich fest davon überzeugt, dass all das, was sich die beiden ausgemalt haben und auch das, was du dir vorstellst, Wirklichkeit werden könnte. Wir erinnern uns an Petra Schechter, die durch einen Glücksfall ihre Karriere als Sängerin begonnen hat. Nehmen wir mal an, jemand hätte Petra vor zehn Jahren gesagt: *„Du wirst nicht nur einen festen Platz in der Musikszene haben, sondern auch nach einem selbst entwickelten Konzept Atem-, Stimm- und Gesangscoaching geben."* Dann hätte sie das nur schwer glauben können. Dabei war das alles bereits in ihr angelegt. Ich glaube fest daran und erlebe es immer wieder, dass diese Anlagen in uns eine unwahrscheinlich kraftvolle Eigendynamik entwickeln, wenn wir ihnen nur die Chance dazu geben.

Kernsatz: So wie eine Eichel den Bauplan für die große, stattliche Eiche in sich trägt, tragen wir auch den Bauplan für die strahlendste Variante von uns selbst in uns.

Es ist eine gewaltige Wachstumsenergie, die aus einer kleinen Eichel, die in einen Vogelschnabel passt, einen haushohen Baum werden lässt. Wir verfügen über die gleiche Entwicklungsenergie und die wollen wir hier freisetzen. Dabei geht es gar nicht darum, eine Vision eins zu eins umzusetzen. Das können wir gar nicht, weil dafür so viele Umweltfaktoren zusammenkommen müssen, die nicht in unserer Hand liegen. Aber auch, wenn wir noch nicht wissen, wie sehr unsere tatsächliche Zukunft unseren jetzigen Vorstellungen gleichen wird, erfüllt die Vision eine grundlegende Orientierungsfunktion. Sie weist uns den Weg wie ein Leitstern am Himmel und schafft uns gedanklich den Raum für unsere Entfaltung.

4.7 Der Wesenskern

„Sein, was wir sind, und werden, was wir werden können, das ist das Ziel des Lebens." (Baruch (Benedictus) de Spinoza)

Visionen sind Vorstellungen von einem Leben, das uns sehr weit entfernt vorkommen kann. Doch wir müssen nicht warten, ob sich unsere hochfliegenden Träume erfüllen oder nicht. Wir können sofort beginnen, sie zu verwirklichen. Und das tun wir, indem wir aus unserer Vision das Wesentliche herausfiltern. Im Augenblick scheint sie uns unerreichbar. Vielleicht ist sie das auch. Johanna hat erst im Alter von 16 begonnen, Gitarre spielen zu lernen. Damit hat sie natürlich nicht die gleichen Voraussetzungen, wie ihr Vorbild Susan Weinert, die mit sieben Jahren den ersten Gitarrenunterricht bekam [6]. Aber will sie denn wirklich genau so sein wie ihr Vorbild? Was ist es denn genau, was sie bewundert und was sie für sich auch umsetzen möchte? Was für ein Gefühl erhofft sie sich davon? Diese Fragen führen uns zu dem Wesenskern unserer Vision.

> **Kernsatz:** Der Wesenskern beschreibt die Lebensqualität, die wir uns von der Verwirklichung unserer Vision versprechen. Es ist die Essenz unserer Wünsche, für die wir brennen und für die unser Herz schlägt. Dieses Lebensgefühl lässt sich meist schneller verwirklichen, als unser Wunschziel.

Den Begriff ‚Wesenskern' übernehme ich von Barbara Sher, die dieses Prinzip in ihrem Buch ‚Wishkraft' [7] vorstellt. Der Wesenskern beschreibt das, was wir durch einen Wunsch erreichen wollen, seinen emotionalen Gehalt also. Wir erkennen den Wesenskern daran, dass wir gefühlsmäßig, ja regelrecht körperlich darauf reagieren. Unser Herz schlägt dafür, es kann sich Rührung zeigen oder wir bekommen eine Gänsehaut, wenn wir davon sprechen. Dabei kann es um Anerkennung als frei schaffende Künstlerin gehen oder auch als verlässliche und stimmungsvolle Interpretin. Es kann sich ebenso um den Wunsch nach Glamour handeln, wie um das Gefühl, anderen auf ihrem Weg helfen zu können. Die Sehnsucht danach, ein tragender Teil einer Gemeinschaft zu sein, kann ein Wesenskern sein, wie auch das Streben nach Authentizität.

Ein solches Lebensgefühl lässt sich meist schon durch Kleinigkeiten recht schnell hervorrufen. Die Anerkennung nach einem Solo im Kirchenchor kann uns tief erfreuen und einen Hauch von Glamour verbreiten schon ein golddurchwirktes Tuch, ein kräftiger Lippenstift und glitzernde Ohrringe. Wir müssen damit nicht warten, bis sich unsere Vision erfüllt. Den Wesenskern gleich heute in unserem Leben zu etablieren, wirkt wie eine Abkürzung, ein Schleichweg, dein eigener Weg eben zu dem Lebensgefühl, das du dir wünschst.

4.7.1 Kernübung: Der Wesenskern

Arbeitsschritte:

▸ Schau dir die Begriffe an, die du in der vorigen Übung 4.8 unterstrichen hast.

▸ Hinterfrage diese Begriffe und finde heraus, was du dadurch für Qualitäten in dein Leben holen willst. Frage dich selbst immer wieder: Was steckt dahinter, was will ich dadurch wirklich gewinnen/bekommen/erreichen? Mache dir wieder stichpunktartige Notizen dazu.

So sah die Übung bei Sebastian und Johanna aus:

Beispiele

Sebastian:

Wichtige Begriffe aus seiner Erfolgsgeschichte: *Alben, Leute für eine Band, Studio im Wald, experimentell, komponieren und texten, gemeinsames Gespür für die Musik, touren, günstige Konzerte, nachwirken lassen, nicht wiederholen*

Sein Wesenskern: *alleine und zusammen mit anderen ‚feinsinnigen' Musikern experimentieren, produzieren und touren – dicht am Leben (Natur, Menschen, ich) sein.*

Johanna:

Wichtige Begriffe aus ihrer Erfolgsgeschichte: *als Gitarristin anerkannt, auch international, werde angefragt für Konzerte und Studioproduktionen, eigene Songs und Alben, Umweltschutz und Völkerverständigung, Fachpresse, Markenzeichen: selbst gestaltete Gitarren, auf festen Kreis verlassen können, Kinder / Familie / Kindermädchen, übe immer noch mindestens vier Stunden, ernsthaft und humorvoll*

Ihr Wesenskern: *in Fachkreisen als sehr gute Gitarristin bekannt und gut vernetzt, Liebe zum Instrument zeigen, Familie.*

Wenn wir uns an die bisherigen Pläne und Träume der beiden zurückerinnern, sind diese Ansätze doch jetzt wesentlich greifbarer. Sebastians Abgrenzung kommerzieller Musik gegenüber hat sich in den Wunsch verwandelt, musikalisch zu experimentieren. Die Ausrichtung auf das, was wir uns wünschen, ist ein wesentlich besserer Nährboden für Kreativität, als die Abgrenzung gegenüber dem, was wir ablehnen. Das Seemannsgarn hat auch Sebastians Lust auf das Leben unterwegs gezeigt und ihm ist klar geworden, dass er mit anderen Musikern zusammen kreativ sein will. Johanna hat sich für einen Moment von ihrem Vorbild gelöst und konzentriert sich auf ihre eigene Leistung. Der Fokus auf ihr eigenes Können ist sehr wichtig für ihre Motivation.

Es ist gut und wichtig, sich an Vorbildern zu orientieren. Wir machen dabei allerdings leicht den Fehler, dass wir uns mit unseren Idolen auf dem Höhepunkt ihrer Karriere vergleichen. Dabei vergessen wir, dass auch sie einen weiten Weg mit allen Höhen und Tiefen zurückgelegt haben, um dorthin zu gelangen. Vor allem aber sind wir alle einzigartig und es ist weder möglich noch sinnvoll, jemanden zu kopieren. Wenn der Maßstab für unsere musikalische Leistung eine andere Person ist, liegt unser Fokus meist auf der Differenz und damit auf unserem Defizit. Wenn wir so gut sein wollen wie jemand anderes, heißt das immer, dass wir noch nicht gut genug sind. Johanna hat sich bewusst gemacht, dass es ihr um die Anerkennung ihrer Fähigkeiten und Leistungen geht, durch konsequentes Üben, vielfältige Projekte und gute Vernetzung. Und es war ihr noch nie so klar, wie wichtig es ihr ist, ihrer Leidenschaft für das Instrument ‚Gitarre' nachzugehen und sie nach außen sichtbar zu machen.

Sowohl Sebastian als auch Johanna können sofort damit beginnen, diese Essenz ihrer Vision in ihrem Leben umzusetzen.

4.8 In einem Jahr

„Unsere Wünsche sind die Vorboten der Fähigkeiten,
die in uns liegen." (Johann Wolfgang von Goethe)

Das Bewusstsein darüber, was uns wirklich am Herzen liegt und anzieht, hat Auswirkungen auf unser Denken und Handeln. Wir beginnen, in unseren Entscheidungen abzuwägen, was unseren Wesenskern anspricht und uns unserer Vision näher bringt. Unser Blick schärft sich für Möglichkeiten, die uns weiter helfen und wir können klarer mit anderen darüber sprechen, was wir wollen. Es entstehen leichter Gespräche, die uns wirklich berühren, wenn wir in Kontakt mit unseren Wünschen und Zielen sind und uns mit Menschen über diese Themen unterhalten. Wir wenden uns denjenigen zu, die unsere Leidenschaften teilen und uns in unserer Entwicklung unterstützen und verringern den Kontakt zu anderen, die uns eher bremsen und hemmen.

> **Kernsatz:** Mit einer Vision vor Augen und dem Wesenskern im Herzen verändert sich unser Leben automatisch.

So setzt sich eine Dynamik in Gang, die uns hilft, den Weg zu gehen, den wir für uns gewählt haben. Zur Verankerung des Wesenskerns und unserer Vision dienen die nachfolgenden Vertiefungsübungen. Ich empfehle dir, alle fünf Übungen auf einmal zu bearbeiten, weil sie aufeinander aufbauen. Je nachdem, wie tief du auf die Übungen eingehst, wirst du schätzungsweise eine halbe bis zwei Stunden dafür brauchen. Ein weiterer Schritt ist es, konkrete Ziele aus der Vision abzuleiten und diese mit Hilfe eines soliden Projektmanagement zu realisieren. Diese Techniken werden in Kapitel 5 vorgestellt.

4.8.1 Vertiefungsübung: In einem Jahr

Mit dieser Übung fragen wir unser Unterbewusstsein, was sich durch das Bewusstsein unserer Vision und des Wesenskerns für uns verändert. Wir machen eine Zeitreise in die nähere Zukunft und finden heraus, was für Entwicklungen dort schon sichtbar sein werden.

Arbeitsschritte:

▶ Sorge dafür, dass du ungefähr für zehn Minuten ungestört bist.

▶ Fünf Minuten davon verbringst du auf einer Zeitreise. Stelle dir hierfür einen Kurzzeitmesser ein (Countdown am Handy oder Eieruhr) und starte ihn, wenn du die Aufgabenstellung gelesen hast und mit der Übung beginnst.

▶ Setz dich bequem hin. Im Liegen ist die Gefahr größer, bei der Übung einzuschlafen.

▶ Schließe die Augen. Richte deine Aufmerksamkeit dann zunächst auf deinen Körper. Spüre die Unterlage, auf der du sitzt, und deine Füße auf dem Boden. Nimm bewusst die Geräusche um dich herum wahr.

▶ Verabschiede dich dann davon und konzentriere dich auf deinen Atem. Nimm drei sehr tiefe Atemzüge.

▶ Dann lass in deiner Vorstellung die folgende Situation entstehen: Du befindest dich auf einer Party, in einem Jahr in der Zukunft. Du weißt nicht, bei wem die Party stattfindet, darauf kommt es jetzt nicht an. Stell dir vor, du gehst alleine durch einen längeren Flur. Du kommst an der angelehnten Küchentür vorbei. Darin hörst Du die Stimmen von drei Freunden oder Bekannten von dir – es ist nicht wichtig, wer sie sind. Sie unterhalten sich über dich und bemerken nicht, dass du ihnen zuhörst. Sie sprechen darüber, dass du dich in den letzten Monaten verändert hast. Was sagen diese drei Personen über dich? Ihre Sätze können beginnen mit: *„Mir ist aufgefallen, dass sie..."* oder *„Ich glaube, es ist das erste Mal, dass er..."* oder *„Ich bin ganz schön beeindruckt davon, wie sie..."* oder *„Er wirkt irgendwie zufriedener, seit er..."* Lass deiner Phantasie freien Lauf.

▶ Wenn das Signal deiner Uhr ertönt, dann schließ dein ‚Lauschen' langsam ab.

▶ Mache dir Notizen über das, was du ‚gehört' hast.

▶ Unterstreiche die Aspekte, die dir am wichtigsten sind und übertrage drei bis fünf davon in dein Arbeitsblatt unter ‚In einem Jahr'.

Beispiele

Sebastian hat folgende Highlights aus der ‚Unterhaltung' behalten:

- *Man sieht ihn kaum noch, er ist ja nur noch im Proberaum oder im Wald.*

- *Ja, aber hast du dir mal angehört, was die da machen?*

- *Wer sind „die"?*

- *Er macht viel mit Maike und einem Typen, den er neu kennengelernt hat. Ein Inder, glaube ich, oder Pakistani oder so. Der spielt Sitar und andere abgefahrene Instrumente.*

- *Schick. Ich finde es aber trotzdem Scheiße, dass er fast nie Zeit hat. Der ist doch echt ein Eigenbrödler.*

- *Hm. Aber ich finde, er ist irgendwie offener geworden. Stimmt schon, ich sehe ihn auch nicht mehr so oft. Aber er ist jetzt besser drauf. Ich kann mehr mit ihm anfangen. Er haut zwar immer noch seine trockenen kritischen Sprüche raus, aber ich finde, er mosert nicht mehr so viel. Frag ihn doch mal, ob er dir ein Demo vorspielt, das musst du dir echt anhören. Einmalig, das ist was ganz Besonderes!*

Johannas Notizen:

- *Hast du die Gitarre gesehen, die sie gebaut hat? Sie klingt noch nicht wirklich gut, aber sieht total toll aus. Davon ist sie irgendwie besessen.*

- *Das ist ja nichts Neues.*

- *Ja, aber sie ist kreativer geworden. Interessiert hat sie sich immer schon dafür, aber das ist ein richtiges Kunstwerk. Es ist mehr als eine Gitarre.*

- *Ich bin ganz schön beeindruckt davon, wie viel sie auf der Bühne steht. Waren da jetzt nicht auch ein paar Studiosachen dabei? Ich weiß nicht, wie viel sie dabei verdient, aber Johanna kennt ja wirklich Hinz und Kunz und macht mit unheimlich vielen Leuten was.*

- *Aber für Jan scheint sie ja noch genug Zeit zu haben, die machen einen guten Eindruck zusammen.*

- *Tja, die weiß echt, was sie will. Das bewundere ich an ihr. Die wird ihren Weg schon machen.*

4.9 Mission Statement

„Es ist eine Sache zu wissen, was man will.
Aber eine andere, dazu ja zu sagen." (Joanne K. Rowling)

Wir gehen ein großes Risiko ein, wenn wir uns entschließen, unsere Träume zu realisieren. Es könnte passieren, dass wir scheitern. Es könnte passieren, dass es sich herausstellt, dass wir nicht gut genug sind. Was gibt uns die Berechtigung, von uns zu denken, dass wir gut genug wären? Unsere Gesellschaft ist stark an staatlich anerkannten Abschlüssen und an Zertifikaten orientiert, die bescheinigen, dass wir in die relevante Prüfung ‚gut genug' absolviert haben. Ein Schulabschluss ist das Mindeste und darauf muss möglichst mindestens eine abgeschlossene Ausbildung oder ein Diplom folgen. Und tatsächlich ist es ein gutes Gefühl,

auf solche allgemein anerkannten ‚Fähigkeitsbescheinigungen'
zurückgreifen zu können. Ihre Aussagekraft aber ist geringer, als
sie gemeinhin gewertet wird.

Aus einem Arzttitel zum Beispiel, kann man schließen, dass eine
Person über jenes Durchhaltevermögen verfügt, die ein endloses
Medizinstudium ihr abverlangt. Und es lässt auf die intellektuellen
Fähigkeiten schließen, die man braucht, um medizinische Lehrbü-
cher handhaben zu können. Aber ob ein ‚Dr. med' auch ein guter
Arzt wird, der Menschen heilen kann, steht auf einem anderen
Blatt. Dennoch gibt ein solcher Titel Sicherheit. Und umgekehrt
ist es eine große Herausforderung, uns mit eigenen Fähigkeiten
zu identifizieren, die uns niemand offiziell bescheinigt. Für viele
Kompetenzen, die einen Musiker ausmachen, gibt es auch gar keine Zertifikate. Also hoffen wir darauf, dass uns zumindest jemand
sagt, dass wir etwas Besonderes sind und uns die Erlaubnis gibt,
das auch zeigen dürfen.

Nichts ist dagegen einzuwenden, dass wir uns Rückmeldungen
von Lehrern, Mentoren und anderen Vertrauenspersonen geben
lassen. Es ist aber fatal, wenn wir uns davon abhängig machen,
dass uns jemand anderes die Berechtigung erteilt, unsere Fähigkeiten einzusetzen, denn wir wachsen nur durch das Tun, durch
das Üben im Ernstfall. Niemand kann zu Hause vor dem Spiegel
echte Bühnenpräsenz entfalten. Das geht nur auf der Bühne! Und
erst auf der Bühne merken wir überhaupt, dass wir sie besitzen!
Es ist eine große Falle für unser Fortkommen, wenn wir zu Hause
sitzen und warten, bis jemand kommt und uns mit einem Ritter-
schlag sagt, dass wir jetzt gut genug sind und dass die Welt da
draußen auf uns wartet.

> **Kernsatz:** Wir müssen uns selbst die Erlaubnis und den Auftrag geben, unser Können zu zeigen und weiter zu entwickeln.

Es wird keine Fee kommen und Johanna mit ihrem Zauberstab in die sehr gute Gitarristin verwandeln, die sie sein will. Aber sie kann sofort beginnen, dieses Potenzial in sich zu fühlen und auszuleben, indem sie so regelmäßig und umfangreich übt, wie sie sich das vorstellt und indem sie beginnt, Kontakte zu knüpfen und zu zeigen, was sie schon kann! Zu Beginn wird es Johanna noch komisch vorkommen, als ambitionierte Gitarristin aufzutreten, die sich einen Platz in der Szene erspielen will. Doch sie wird hineinwachsen, wenn sie das Risiko eingeht, möglicherweise auch zu scheitern. Mit Versagensängsten und ihren verwandten Wegbegleitern beschäftigen wir uns noch ausführlich in Kapitel sechs. Sie gehören zu dem Paket dazu, das wir annehmen, wenn wir „Ja" zu dem sagen, was wir wollen.

4.9.1 Vertiefungsübung: Mission Statement

Den Ausdruck ‚Mission Statement' kann man als Einsatzauftrag oder als Leitbild übersetzen. Jetzt ist der Zeitpunkt gekommen, an dem du dich mit deiner eigenen Mission beauftragst. Mit den Sätzen, die du jetzt formulierst, versprichst du dir, dich selbst zu fördern und dein eigenes Potenzial zu entfalten. Ein solches Selbstversprechen ist wie ein heiliger Schwur dir selbst gegenüber.

Arbeitsschritte:

▸ Nimm ein Blatt Papier zur Hand.

▸ Schreibe auf, was du ab jetzt für dich und für deine Entwicklung tun willst. Schreibe auch auf, welchen Preis du dafür zu zahlen bereit bist, was du um deiner selbst willen opfern willst.

▸ Verdichte deine Notizen auf vier Sätze, die sinngemäß folgendermaßen beginnen:
  • **Ich bin...**
  • **Ich mache...**
  • **Ich will...**
  • **Dafür nehme ich in Kauf...**

▸ Wenn du fertig bist, dann lies dir dein Mission Statement selbst feierlich vor.

▸ Wenn es eine Person in deinem Umfeld gibt, der du in dieser Hinsicht vertraust, dann verabrede dich mit ihr, teile deine Gedanken mit ihr und lies auch ihr als Zeugin oder Zeuge noch einmal laut dein Mission Statement vor.

Beispiele

Sebastians Mission Statement:

- *Ich bin Musiker.*
- *Ich texte, komponiere und arbeite dabei gerne experimentell.*
- *Ich suche Musiker, die auch Spaß am Ausprobieren haben, um zu sehen, ob wir zusammenpassen, um Konzerte und Alben zu machen.*

- *Ich nehme in Kauf, dass ich eventuell Leuten sagen muss, dass sie nicht zu mir passen, wenn ich das beim Ausprobieren feststelle.*

Johannas Mission Statement:
- *Ich bin eine ehrgeizige Gitarristin, und ich bin begierig zu lernen, wie man Gitarren baut.*
- *Ich baue mir ein Netzwerk in der Musikszene auf.*
- *Ich will erreichen, dass andere Musiker und Produzenten mich in Projekte einbinden, und ich will Leute finden, von denen ich lernen kann, Gitarren zu bauen.*
- *Ich nehme in Kauf, dass es passieren kann, dass ich jemandem vorspiele und eine Absage bekomme. Dann frage ich, ob ich wiederkommen darf, wenn ich mich weiter verbessert habe.*

4.10 Ab sofort

„Fake it, till you make it." (Unbekannt)

Die Übersetzung dieses Mottos könnte lauten „Tu so, als ob, bis du es tust." Zu einem Wachstumsschritt gehört es dazu, Verhaltensweisen zu praktizieren, die noch ungewohnt sind und von denen man noch nicht weiß, ob sie funktionieren. Hier hilft der Trick, einfach so zu tun, als könne man es bereits. Das fühlt sich leicht nach Aufschneiderei an, wir wollen doch ehrlich sein und niemanden täuschen. Aber zwischen Aufschneiderei und Wachstum gibt es einen entscheidenden Unterschied. Wenn ich vorgebe, etwas zu können oder zu haben, was ich nicht kann oder habe, dann ist das Aufschneiderei. Wenn ich aber etwas zeige und anwende, was ich in mir fühle, dessen ich mir aber noch nicht ganz sicher bin, ist das Wachstum. Kinder wachsen unwahrscheinlich schnell. Deshalb kaufen ihre Eltern Kleidungsstücke häufig eine Nummer zu groß. Genau so funktioniert es mit Herausforderungen, sie sind zu Beginn eine Nummer zu groß und wir wachsen hinein.

In dem Interview erzählte Roger Cicero von der Zeit, als er sich bereits für das neue Konzept entschieden hatte, dessen Erfolg aber noch nicht abzusehen war. Die Neuausrichtung verlangte seine vollständige Aufmerksamkeit. Deshalb konnte Roger keine anderen Aufträge mehr annehmen. Das Netzwerk, das er über Jahre aufgebaut und gepflegt hatte und das ihn ernährt hatte, musste er jetzt zurückstellen für das Neue. Eine Anfrage abzulehnen, ist für einen Freelancer etwas vollkommen Fremdes und Roger musste mit handfesten Ängsten und Zweifeln fertig werden. Auf die Frage, wie er damit umgegangen sei, lautete seine Antwort: *„Ich habe versucht, Vertrauen zu praktizieren, ohne es zu haben.“*

Roger hat sich seiner neuen Aufgabe gewidmet, ohne eine Erfolgsgarantie zu haben.

> **Kernsatz:** Nicht jede Neuausrichtung verlangt radikale Veränderungen, aber jede Veränderung verlangt etwas Neues.

4.10.1 Vertiefungsübung: Ab sofort

Was ändert sich ab sofort in deinem Leben, wenn du dein Mission Statement ernst nimmst, wenn du dein Denken und Tun an deiner Vision ausrichtest und ihren Wesenskern in deinen Alltag integrierst?

Arbeitsschritte

▶ Beantworte die folgenden Fragen stichpunktartig:

1. Woran merken deine Freunde oder deine Familie, dass sich etwas verändert hat?

2. Welche Konsequenzen hat die Neuausrichtung für deine Partnerschaft?

3. Was verändert sich an deinem Äußeren?

4. Welche Gewohnheiten gibst du auf oder nimmst du neu auf?

5. Angenommen, du bist auf einer Party und jemand fragt dich, ‚was du so machst'. Wie antwortest du?

▶ Unterstreiche wieder bis zu drei wichtige Aspekte und übertrage sie auf dein Arbeitsblatt.

Beispiele
Sebastians Antworten:

1. *Freunde: weniger sinnlos abhängen, weil mehr Zeit mit Musik verbringen. Familie: nichts*

2. *Partnerschaft: wahrscheinlich lerne ich eine schöne Sitarspielerin kennen.*

3. Nichts

4. Ich gewöhne mir an, jede Woche eine Stunde lang im Radio Weltmusik zu hören. Ich verkneife mir abwertende Bemerkungen (zumindest die meisten).

5. Ich antworte: „Ich bin Musiker." Wenn mir die Person sympathisch
ist und ich gesprächig bin, dann sage ich noch: „Ich beschäftige
mich mit experimenteller Musik und suche derzeit Musiker, die
originelle Instrumente spielen bzw. auch Lust am Ausprobieren
haben."

Johannas Antworten:

1. Freunde: die freuen sich, weil ich nicht mehr ständig sage, dass
ich so gerne mehr machen würde, sondern einfach mehr tue.
Familie: ich frage meinen Vater, ob ich seine Werkstatt benutzen
kann und erzähle ihnen, dass ich eine Gitarre bauen will. Es ist o.k.,
wenn sie das belächeln, sie werden schon sehen.

2. Partnerschaft: Ich spreche mit Jan über meine Pläne und frage ihn
nach seiner Meinung. Ich frage ihn, ob er sich so eine Zukunft mit
mir vorstellen kann und ob das zu seinen Plänen passt. Ich wünsche
mir seine Unterstützung und will ihn auch bei seiner Entwicklung
unterstützen.

3. Ab jetzt ziehe ich mich so an, dass ich mich jederzeit wohl fühle,
wenn ich jemanden treffe, der mich vielleicht in ein interessantes Projekt einbinden kann. Die Leute merken den Unterschied
vielleicht nicht, aber für mein Selbstbewusstsein macht es etwas
aus.

4. Für mich ist und bleibt das Üben zentral. Und ich eröffne eine

Sammlung von Büchern, Bildern und sonstigen Dokumenten über den Bau von Gitarren.

5. *Ich antworte, dass ich eine Ausbildung als Berufsmusikerin mache, dass ich mich sehr ambitioniert weiterentwickle und auf der Suche nach interessanten Projekten bin. Und dass ich den Traum habe, Gitarren zu bauen.*

4.11 Vorbilder

„Es ist gut zu wissen, dass das schon mal jemand geschafft hat."
(Unbekannt)

Wenn wir irgendwo hinwollen, wo wir noch nicht waren, dann schauen wir entweder auf der Karte oder im Internet nach dem Weg oder wir fragen jemanden, der schon mal da war.

> **Kernsatz:** Ein Vorbild ist jemand, der auf seine Weise etwas erreicht hat oder verkörpert, was wir uns auch wünschen. Er zeigt uns: „Ja – es ist möglich!"

Das gibt uns die Gewissheit, dass das, was wir uns vornehmen, möglich ist. Und wir können Informationen darüber einholen, wie unsere Vorgänger das geschafft haben, welchen Schwierigkeiten sie begegnet sind und wie sie die gemeistert haben. Vielleicht können wir sogar direkten Kontakt zu unserem Vorbild aufnehmen, so wie Petra Schechter. Floy war in ihrer Art zu Singen ein greifbares Vorbild und Petra wurde sogar ihre Schülerin! Deshalb sollten Johanna und Sebastian auch ruhig bei ihren Vorbildern bleiben,

Informationen über sie sammeln und vielleicht sogar versuchen, Kontakt zu ihnen aufzunehmen.

4.11.1 Vertiefungsübung: Vorbilder

Wer ist dein Vorbild? Man kann auch mehrere Vorbilder für verschiedene Aspekte haben. So hat eine Workshopteilnehmerin einmal gesagt, sie möchte singen wie Celine Dion, aber sich vom Image her eher so darstellen wie Sheryl Crow. Das ist eine originelle Kombination, aber wie wir wissen, macht genau das Kreativität aus.

Arbeitsschritte:

▸ Notiere deine Vorbilder. Das müssen nicht nur Prominente sein. Es kann sich auch um Menschen aus deinem Umfeld handeln, die etwas verkörpern, was du dir auch für dich wünschst. Denke auch an Menschen, auf die du neidisch bist.

▸ Schreibe zu deinen Vorbildern in Stichpunkten auf, welche Aspekte du an ihnen bewunderst und auf deine Weise auch gerne ausbilden möchtest.

▸ Übertrage wieder die wichtigsten Punkte auf dein Arbeitsblatt.

4.12 Zukunftscollage

„Lass dir immer einen Wunsch frei."(Baltasar Gracián)

Jetzt bist du deiner Vision ein paar Schritte näher gekommen. Du hast zunächst gesammelt, was du schon an Vorstellungen für deine Zukunft hattest. Mit Hilfe des Seemannsgarns hast du Ideen entwickelt, die dein Verstand normalerweise aussortiert hätte und durch kreative Verknüpfungen hast du eine Art zu Denken ausprobiert, die originelle Konzepte hervorbringen kann. Du hast dir vorgestellt, wie dein Leben als Musikerin oder Musiker in zehn Jahren aussehen könnte. Weil wir nicht zehn Jahre warten wollen, bis sich das erfüllt, was wir uns wünschen, haben wir durch den Wesenskern die Essenz aus der Vision herausgefiltert. Der Wesenskern ist greifbarer und du kannst ab sofort beginnen, diese Qualitäten in dein Leben zu integrieren. Durch dein Mission Statement hast du dir selbst das Versprechen gegeben, für deine Träume einzustehen, und du hast dir überlegt, welche Veränderung du ab sofort umsetzen möchtest. Deine Vorbilder können dir dabei Mut machen, weil du weißt, dass das, was du willst, grundsätzlich möglich ist. Jetzt wird es Zeit, deinen Entwicklungsplänen einen Platz zu geben. Wenn wir uns mit dem beschäftigen, was wir können und was wir wollen, ist es in diesem Moment ganz präsent und wir sind sehr motiviert, die nächsten Schritte zu gehen. Doch wenn der Alltag wieder überhand nimmt und unser Selbstbewusstsein den einen oder anderen Dämpfer einstecken musste, sinkt diese Energie wieder und wir verlieren den Wind in den Segeln. Eine sehr wertvolle Unterstützung zum Ankern einer Vision ist, sie visuell darzustellen: mit einer Collage.

> **Kernsatz:** Zeitungssauschnitte, Bilder, Postkarten etc. sorgen dafür, dass wir mit unseren Wünschen verbunden bleiben und leichter zugreifen können, wenn sich die entsprechende Gelegenheit bietet.

Als ich vor Jahren begann, mich mit dem Thema Visionsfindung und Selbstmanagement zu befassen, habe ich auch angefangen, eine solche Collage zu gestalten. Die Innenseiten meiner Schranktüren sind voll mit Zeitungsausschnitten interessanter Personen, Postkarten, oder auch Namensschildern von Instituten, bei denen ich gerne Trainerin werden wollte. Als ich vorgestern die kleine Schranktür oben rechts öffnete, fiel meinen Blick auf einen kleinen Zeitungsausschnitt aus dem Hamburger Abendblatt, der über die Schriftstellerin Jenny Erpenbeck berichtet. Da musste ich schmunzeln, denn als ich diesen Artikel vor drei Jahren aufhängte, war mein eigenes Buchprojekt in keinster Weise absehbar. Doch die Vision war da: irgendwann würde ich ein Buch schreiben.

4.12.1 Kernübung: Deine Zukunftscollage

Finde einen Platz in deinem Zuhause, den du deiner Musikerkarriere widmen willst. Das kann die Wand über deinem Bett sein oder auch die Innenseite deiner Kleiderschranktür.

Hier hängst du dein Profil als Wegweiser sowie das ausgefüllte Arbeitsblatt mit deiner Vision auf. Du kannst die Collage jetzt gleich oder auch über die Zeit hinweg weiter gestalten. Da können Zeitungsausschnitte von Vorbildern dazukommen oder Postkarten, die eine Atmosphäre zeigen, die dich anspricht oder eine Konzertkarte, was immer dir hilft, die Energie für deine Pläne zu stärken.

Du hast jetzt alle drei Komponenten herausgearbeitet, die dein Potenzial bestimmen. In den nächsten Kapiteln geht es um die praktische Umsetzung mit Hilfe von Projektmanagement und um die Widerstände und Pannen, die zu jedem Abenteuer, und nichts anderes ist ein Projekt, dazugehören.

**Essenz des Kapitels
‚Vision als Leitstern auf dem Weg':**

▸ Eine Vision ist ein inneres Bild von der Zukunft. Sie gibt unserem Denken und Handeln Richtung und Kraft und kann Wunder bewirken.

▸ Unsere Träume werden durch eine innere Kontrollinstanz zensiert. Diese umgehen wir, indem wir in der Form des ‚Seemannsgarns' Pläne spinnen, die unser Zensor als belanglose Spielerei einstuft.

▸ Wir können originelle Konzepte kreieren, indem wir scheinbar Unzusammenhängendes verknüpfen.

▸ Vorbilder helfen uns, weil sie uns zeigen, dass unsere Träume wahr werden können.

▸ Mit dem Wesenskern filtern wir die Essenz aus unserer Vision heraus. Diese lässt sich meist sehr schnell konkret umsetzen.

Abbildung 4.2: Die Vision als inneres Bild von unserer Zukunft gibt uns Orientierung auf unserem Weg und führt uns, wie ein Leitstern am Himmel.

▶ Wir brauchen unseren ganzen Mut, unser Selbstvertrauen und den Glauben an die unterstützenden Kräfte des Lebens, um eine Vision zu kreieren, die unserer wahren Größe entspricht.

▶ Indem wir uns vorstellen, was sich in der nahen Zukunft in unserem Leben verändern wird, richten wir unser Denken und Tun auf unsere Vision aus.

▶ Niemand wird kommen und uns die Erlaubnis und den Auftrag geben, unser Potenzial anzuerkennen und zu entfalten. Es ist unsere eigene Aufgabe, ein „Mission Statement" abzugeben.

▶ Die Zukunftscollage hält uns unsere Vision immer vor Augen und unterstützt uns damit, unsere Ausrichtung beizubehalten.

[1] Interview mit Adopekid:
http://www.hamburghiphop.de/Interviews-Hamburg/Adopekid/Page-2.html, 30.09.2008

[2] siehe auch http://www.floy.de

[3] Artikel auf Spiegel Online: Youtube-Star Alexander Marcus, von Uh-Young Kim, 24.04.2008, http://www.spiegel.de/kultur/musik/0,1518,549506,00.html

[4] http://www.sigur-ros.co.uk

[5] http://www.rilke-projekt.de

[6] Interview mit Susan Weinert: http://www.schmitz-net.info/HTM/Weinert_Interview.htm; März 2008

[7] Barbara Sher: Wishcraft; Lebensträume und Berufsziele entdecken und verwirklichen. 2004 Edition Schwarzer Osnabrück

5 Ziele und Projektmanagement

„Luftschlösser sind nicht beheizbar." (Claudia Böer)

Mit Zielen und Projektmanagement gestalten wir einen Weg von unserer jetzigen Position aus in Richtung unserer Vision. Visionen müssen per definitionem nicht realistisch sein, und es gibt keine Garantie, dass wir genau das erreichen werden, was wir uns ausmalen. Wenn wir aber beim Ausmalen bleiben, besteht die Gefahr, dass wir Luftschlösser bauen, die niemals Bodenkontakt bekommen und das ist auf Dauer in höchstem Grade unbefriedigend. Das Wort Kreativität bedeutet Schaffenskraft. Dazu gehören fantasievolle und mutige Ideen genauso wie die handfeste Verwirklichung einiger von ihnen. Nur so kann unsere Kreativität Spuren hinterlassen und etwas in der Welt bewirken. Indem wir uns ein konkretes Ziel stecken, machen wir uns auf den Weg in Richtung unserer Vision. Und genau wie eine Reise, kann auch ein Projekt ein großes Abenteuer sein, mit allen Höhen und Tiefen.

Ziele oder Aufgaben liegen manchmal vor uns wie ein riesiger Berg und wir können uns nur schwer vorstellen, wie wir das schaffen sollen. Wenn wir einen Berg aus der Ferne betrachten und uns ausmalen, dass wir ihn überqueren sollen, kann das sehr entmutigend wirken. Das sieht so weit und so steil aus, als wäre es gar nicht machbar. Vielleicht ist es das auch. Das müssen wir erstmal überprüfen. Wir informieren uns über die Begehbarkeit des Geländes, über den Schwierigkeitsgrad der Wanderung und über mögliche Risiken. Dann können wir ein Ziel anpeilen, das mit unserer Kondition realistisch ist. Wenn wir dann eine Landkarte hinzuziehen, können wir die Strecke in Etappen unterteilen und darauf achten, dass am Ende eines jeden Tages eine gemütliche Hütte auf uns wartet, in der wir uns entspannen und Kraft für den nächsten Tag tanken können. Das nimmt dem Weg über den großen Berg den Schrecken und es kann richtig Lust entstehen, loszumarschieren und die erste Etappe zu schaffen.

Ein gestecktes Ziel erreichen zu wollen, weckt eine ganz andere Motivation, als wenn wir aufs Geratewohl losgehen. Auch Letzteres hat seine Qualität, wenn es nicht darauf ankommt, etwas Bestimmtes zu erreichen. Aber wenn es uns darum geht, etwas zu schaffen, sind wir mit einem Ziel vor Augen schneller unterwegs.

Birdy Jessel erzählte mir, dass sie einmal angefragt wurde, ob sie bereit wäre, ein umfangreiches Abendprogramm mit dem Saxophon zu Playback zu spielen. Bis zu dem Termin blieben nur zwei Wochen Zeit und es erschien ihr fast unmöglich, in dieser Kürze all diese Titel zu erarbeiten. Sie war kurz davor, abzulehnen, doch dann packte sie der Ehrgeiz: "Das schaffe ich!" sagte sie sich und vertiefte sich in die Arbeit. So viel, wie in diesen zwei Wochen, so sagt sie, habe sie noch nie gelernt. Im Nachhinein war sie sehr zufrieden mit ihrer produktiven Arbeit und das Programm konnte sie nicht nur für dieses Engagement nutzen, es wurde eine attraktive Ergänzung ihres Angebotes.

Kernsatz: Im Gegensatz zu einer Vision sollten Ziele realistisch und erreichbar sein. Dann kann Lust und Ehrgeiz entstehen, sie umzusetzen und wir werden produktiver.

Die vorangehenden Kapitel sind ergiebige Quellen für mögliche Ziele. So kann die Beschäftigung mit unseren Anlagen in Kapitel zwei zum Beispiel das Bedürfnis wecken, bestimmten Interessen oder auch Begabungen mehr Raum zu geben und sie zu fördern. Aus der Analyse der Stabilitätsspeichen in Kapitel drei gehen konkrete Wünsche hervor, wie sich die gegenwärtige Lebenssituation verbessern könnte. In Kapitel vier hast du abgeleitet, welchen Wesenskern du gerne in deinem Leben entfalten möchtest und was sich in einem Jahr bereits in Richtung deiner Vision entwickelt haben könnte.

In all diesen Kapiteln ging es noch nicht um konkrete Realisierbarkeit von Vorhaben. Es drehte sich vielmehr darum, den eigenen Möglichkeitenraum zu vergrößern und anzupassen, um innerlich Platz zu schaffen: für unser Potenzial, für unsere Bedürfnisse und für unsere Vision. Diese gedankliche Entwicklung wird schon einiges an Veränderung bewirken. Ziele und Projektmanagement helfen uns aber, jene Vorhaben, die unseren aktiven Einsatz fordern, effektiv anzugehen und durchzuführen.

5.1 Kernübung: Ein Ziel wählen

▶ Wähle ein Ziel, das du erreichen möchtest und dessen Umsetzung du hier exemplarisch angehen willst und benenne es.

Beispiel

Theresa Dold hatte im Workshop ‚Karrieresteuerung und Selbstmanagement für Musiker' als Vision benannt, dass sie ihre Musik zum Beruf machen und als authentische Künstlerin ihre eigenen Songs ‚unter die Leute bringen' wolle. Im Workshop konkretisierte sie ihren Traum von einem ersten eigenen Album, auf dem sie ihre besten Titel verewigen wollte. Das war für sie selbst ganz wichtig und sie erzählte auch, dass Konzertbesucher sie nach Live-Auftritten häufig fragten, ob sie eine CD von ihr kaufen könnten und dass es immer schade wäre, dass die dann mit leeren Händen gehen müssen.

Ihr Ziel lautete:

„Ich möchte meine eigene CD produzieren."

Abbildung 5.1: Für die erfolgreiche Umsetzung eines Projektes brauchen wir zunächst ein konkretes Ziel.

5.2 Ziele richtig formulieren

„Zu viele Menschen schreiben Ihre Ziele nicht auf,
weil Sie tief in Ihrem Herzen nicht glauben,
dass sie erreichbar sind." (Brian Tracy)

Wir alle haben uns schon Ziele gesteckt, die wir dann nie erreicht haben. Schief gehen kann natürlich immer etwas, doch viele Ziele werden vor allem deshalb nicht erreicht, weil sie nicht wirksam formuliert sind.

Kernsatz: Die sechs Wirksamkeitskriterien für Ziele:

1. erreichbar

2. konkret

3. intrinsisch

4. positiv

5. gegenwartsorientiert

6. terminiert

5.3 Kernübung: Ein Ziel richtig formulieren

▶ Überprüfe deine Zielformulierung mit den sechs Wirksamkeitskriterien. Die Vertiefungsübungen 5.3.1 bis 5.3.6 liefern dir im Bedarfsfall eine genauere Erklärung der einzelnen Kriterien.

Beispiel
Theresas Ziel lautete zunächst:

„Ich möchte meine eigene CD produzieren."

Nach der Überprüfung der Formulierung nach den sechs Wirksamkeitskriterien hieß das Ziel:

*„Am 28. Februar halte ich meine eigene CD ‚Irgendwo dazwischen'
– mit meinen eigenen Songs, fertig und mit professioneller Covergestaltung - in den Händen."*

5.3.1 Vertiefungsübung: Erreichbare Ziele setzen

Das gesetzte Ziel ist dann erreichbar, wenn es innerhalb des eigenen Einflussbereiches, also vollständig in unseren Händen liegt. Auf dem Weg dorthin brauchen wir in der Regel auch Unterstützung von anderen, doch unser Ziel selbst, der letzte Meilenstein, ist dann wirksam formuliert, wenn es auf uns selbst bezogen ist. Ein Ziel, das in meinen Workshops häufig genannt wird, ist, einen Plattenvertrag zu bekommen. Dieses Ziel liegt außerhalb unseres direkten Einflussbereiches, denn wir können zwar proaktiv alles dafür tun, um unter Vertrag zu kommen, aber die Entscheidung trifft letztlich die Plattenfirma. Es ist sehr frustrierend, wenn das Erreichen eines Zieles, für das wir viel investieren, letztlich von anderen abhängt. Deshalb formulieren wir das Ziel ‚Plattenvertrag' um, es lautet dann in etwa so: *„Bis zum Termin xy habe ich Kontakt* *zu den A & R - Abteilungen von xy Plattenfirmen aufgenommen und ihnen aussagekräftiges Promotionsmaterial (Demos, Infos, Fotos) zukommen lassen."* Das ist ein erreichbares Ziel.

Beispiel

Theresa würde die musikalische Produktion des Albums selbst leiten, das lag also in ihrem Einflussbereich. Um die CD als greifbares Produkt anbieten zu können, würde sie aber noch gepresst, also physisch produziert werden müssen. Die Auftragserteilung an das Presswerk würde ein wichtiger Meilenstein sein, aber noch nicht das Ziel selbst. Auch Theresa war im letzten Schritt von einer anderen Partei abhängig, doch in ihrem Fall handelte es sich dabei um einen Auftragsempfänger und nicht um einen kritischen Vertragspartner. Es konnte bei der Produktion durchaus noch etwas schief gehen, aber dass ihre CD gepresst würde, lag in ihrem Einflussbereich. Um auch diesen letzten Schritt noch einzubeziehen, beschloss sie, dass sie ihr Ziel dann erreicht haben würde, wenn sie die fertige CD in den Händen hielte.

5.3.2 Vertiefungsübung: Konkrete Zielsetzung

Etwas ist konkret, wenn es messbar ist. Man kann das Ergebnis anhand von objektiven Kriterien wie einer erreichten Größe oder einer Anzahl prüfen, beziehungsweise an einer durchgeführten Aktion oder einem stattfindenden Ereignis festmachen.

Beispiel

Der Moment, wenn Theresa ihre CD in den Händen halten würde, war schon sehr konkret. Zusätzlich definierte sie noch die Beschaffenheit der CD, denn es sollte ja kein gebrannter Sampler mit den Top Hits der letzten Monate sein. Es sollte eine CD mit ihren eigenen Songs sein, die nicht nur inhaltlich, sondern auch optisch professionell gestaltet sein würde. Einen Titel gab es auch schon: ,Irgendwo dazwischen' würde das Album sehr wahrscheinlich heißen.

5.3.3 Vertiefungsübung: Intrinsische Motivation

,Intrinsisch motiviert' bedeutet, dass der Antrieb aus uns selbst heraus kommt und nicht von außen. Eine Ursache für nicht erreichte Ziele kann sein, dass wir das, was wir uns vorgenommen hatten, nicht wirklich wollten. Du kannst das jetzt leicht überprüfen, indem du dein Ziel mit deinem Profil, deinem Lebensrad und deiner Vision abgleichst. Widerspricht ein Vorhaben deinen Anlagen, deinen Bedürfnissen oder deiner Vision, ist die Wahrscheinlichkeit groß, dass du es boykottieren wirst, bewusst oder unbewusst. Umgekehrt wirst du merken, dass du wie von selbst in Bewegung kommst, wenn ein Ziel genau in deine innere Landschaft hineinpasst.

Aus dem gleichen Grund sind Vergleiche in der Zielformulierung nicht nachhaltig förderlich. So gut wie jemand anderes sein zu wollen, kann zunächst anspornen. Doch das ist eine negativ motivierende Wirkung, weil der Maßstab nicht von innen kommt, sondern von außen. Wir handeln aus einem Mangel heraus, weil wir uns suggerieren, dass jemand anderes etwas hat, was uns fehlt. Hier geht es um deine Entwicklung. Was möchtest du erreichen?

Beispiel

Theresas Ziel zeigte sich fest in ihrer eigenen Motivation verankert. Sie ist eine selbstbestimmte und mutige Person, die sich gut damit identifizieren konnte, nicht auf einen Plattenvertrag zu warten, sondern die Sache selbst in die Hand zu nehmen. Sie wollte als authentische Künstlerin mit ihren eigenen Songs bekannt werden. Ob das klappen würde, stand in den Sternen, aber eine eigene CD würde sie in die richtige Richtung bringen.

5.3.4 Vertiefungsübung: Positive Wortwahl

Unser Unterbewusstsein speichert keine Sätze, sondern Bilder und Emotionen. Deshalb sollte die Formulierung die Bilder beinhalten und die Emotionen wecken, die wir anstreben und nicht jene, die wir vermeiden wollen.

Beispiel

Theresa hatte ihr Ziel von vornherein positiv formuliert. Um den Sinn der positiven Wortwahl zu erläutern, ziehen wir hier als Beispiel eines ihrer untergeordneten Ziele heran: „Ich möchte, dass meine Konzertbesucher nicht mehr mit leeren Händen nach Hause gehen.“

Die Bilder, die unser Unterbewusstsein aus dieser Formulierung aufnehmen kann, sind:

- Gäste

- leere Hände

- nach Hause

Das Gefühl dazu ist eine Art von Mangel, da fehlt etwas.

Eine positive Formulierung wäre: *„Ich habe eine CD mit meinen Songs, die meine Gäste auf Konzerten kaufen können.“*

Daraus entstehen ganz andere Bilder:

- eine CD mit den eigenen Songs

- Konzerte

- Gäste kaufen CDs

Damit kann sich ein Gefühl von Vorfreude auf das handfeste Resultat des eigenen kreativen Schaffens verbinden sowie auf den netten Kontakt zu den Konzertbesuchern.

5.3.5 Vertiefungsübung: Formulierung in der Gegenwart

Auch dies ist wieder eine Hilfestellung für unser Unterbewusstsein. Formulieren wir etwas in der Zukunft oder im Konjunktiv, legt unser Unterbewusstsein bildlich gesprochen die Hände in den Schoß und denkt: *„Sag mir Bescheid, wenn es soweit ist. Dann werden wir aktiv."* Formulieren wir jedoch in der Gegenwart, visualisieren wir uns bereits in der gewünschten Situation und setzen damit unsere mentalen Kräfte in Bewegung, diesen Zustand herbeizuführen.

Beispiel

Theresa hatte ihr Ziel „Ich möchte meine eigene CD produzieren" zunächst im Konjunktiv, also als Wunsch formuliert. Die endgültige Formulierung „Am 28. Februar halte ich meine eigene CD [...] in den Händen." klingt wesentlich entschlossener und ruft den nötigen Antrieb hervor.

5.3.6 Vertiefungsübung: Terminierung mit Datum

Erst ein konkreter Termin erzeugt die Dringlichkeit, die uns dazu bewegt, unsere Prioritäten zugunsten unseres Ziels zu setzen. Ansonsten kommen schnell andere Aktivitäten dazwischen, die ein Projekt endlos in die Länge ziehen können. Hinzu kommt, dass wir die Beteiligung anderer und die Nutzung von Ressourcen rechtzeitig organisieren müssen. Dabei hilft uns ein Endtermin, auf den wir alle Aktivitäten ausrichten. Es kann sein, dass wir diesen Termin noch verändern müssen, wenn wir die konkrete Projektplanung vornehmen oder wenn im Laufe des Projektes signifikante Planänderungen notwendig werden, aber wir benötigen erstmal einen Ausgangspunkt.

Beispiel

Theresa hatte für Ende März des darauf folgenden Jahres bereits einen Konzerttermin, den sie jetzt gerne für ihr CD-Release nutzen wollte. Die Songs hatte sie schon und sie schätzte, dass die verbleibenden vier Monate für die Produktion ausreichen würden. Ich riet ihr, einen Monat als Puffer einzuplanen, weil in so einem Projekt leicht Zeitverzögerungen auftreten können. Da der Endtermin durch das Konzert festgelegt war, zog sie ihren Zieltermin deshalb um einen Monat vor, auf den 28. Februar 2008. Es war klar, dass dies ein straffer Zeitplan werden würde, aber Theresa stand in den Startlöchern und war bereit, Gas zu geben.

5.4 Projektmanagement

„Wenn es uns gelingt, den Weg so wichtig zu nehmen wie das Ziel, dann wird uns die gesamte Reise erfüllen, nicht nur das Ankommen." (Unbekannt)

Eine ganze italienische Salamiwurst am Stück in den Mund zu schieben, zu kauen und herunterzuschlucken, funktioniert nicht.

Abbildung 5.2: Etappenziele teilen ein komplexes Projekt in Abschnitte ein, die wir überblicken und bewältigen können.

Aus diesem Grund schneiden wir sie mundgerecht in Scheiben. Ein Projekt in übersichtliche und greifbare Einzelschritte zu zerlegen, nennt man deshalb ‚Salamitaktik'. Diese anzuwenden wird erleichtert, wenn wir zuvor das Gesamtvorhaben in Handlungsstränge gliedern. Ein Handlungsstrang ist eine Abfolge von Aufgaben, die zusammengehören. Bezogen auf Theresas Beispiel ist es ein Handlungsstrang, das Cover gestalten zu lassen und ein weiterer, die Studioaufnahmen vorzubereiten. Diese Aktionsketten laufen parallel und weitgehend unabhängig voneinander, müssen aber alle zum gesetzten Termin im Ziel münden. Wir zerlegen sie in Teilschritte und planen, in welchem Zeitraum diese jeweils anstehen. Das ist eine unschätzbare Entlastung für unser Gehirn, es erspart uns schlaflose Nächte, in denen wir meinen, wir müssten alles auf einmal im Kopf behalten und das sei alles gar nicht machbar.

> **Kernsatz:** Projektmanagement entlastet uns, weil es uns den Überblick über Handlungsstränge und Etappenziele sowie über Ressourcen- und Unterstützungsbedarf verschafft.

Die Ursprünge des Projektmanagements liegen im militärischen Bereich, wo eine große Anzahl von Menschen und ein hoher Material- und Finanzierungsaufwand koordiniert werden mussten. Die Wirtschaft hat diese Techniken zu Managementzwecken übernommen und auch wir, als ‚Kleinunternehmer', profitieren von einer solchen strukturierten Vorgehensweise.

Die folgenden Übungen leiten dich durch die verschiedenen Schritte des Projektmanagements. Zunächst sammelst du alle Schritte, die dir einfallen, die unternommen werden müssen. Diese bündelst du dann zu Handlungssträngen. Dabei werden einige Fragen auftreten, weil du beispielsweise Ressourcen benötigst, aber nicht weißt, wo sie herkommen sollen oder weil dir Informationen fehlen. Diese Fragen sammelst du, um sie zu lösen. Es ist schwierig, wenn wir vor dem Projekt wie vor einem großen Berg stehen und denken: „Das kann ich alles nicht, dafür bräuchte ich lauter Dinge, die ich nicht habe oder die ich nicht weiß!" Da können andere auch schwer einen Ansatzpunkt finden, uns zu helfen.

Können wir aber eine konkrete Frage an jemanden stellen, von dem wir wissen, dass er etwas davon versteht, bekommen wir mit hoher Wahrscheinlichkeit eine Antwort, die uns weiterhilft. So lassen sich unsere Schwierigkeiten lösen, wie ein Puzzle. Die Fragen werden ein Teil der Handlungsstränge, denn die Antworten dazu zu finden, sind Schritte auf unserem Weg zum Ziel. Durch die Aneinanderreihung der Projektschritte erstellen wir ein so genanntes ‚Flowchart', ein Flussdiagramm.

Das Flowchart ist das Herzstück eines Projektplanes. Hier sind alle Handlungsstränge im Überblick aufgezeichnet und auf das Ziel ausgerichtet. Es ist die Basis der nachfolgenden Zeit- und Ressourcenplanung. Wir nehmen das Ziel als Ausgangspunkt und fragen uns, was bis dorthin alles geschehen sein muss. Auf diese Weise ergänzen wir unsere Handlungsstränge mit weiteren Details. Wenn wir uns so eine gute Übersicht über das Projekt verschafft haben, können wir es noch einmal kritisch prüfen. Dazu gehört zum einen die grundsätzliche Machbarkeit, und zum anderen die Finanzierung.

Dann ist alles bereit für die Terminierung. Auch hier beziehen wir uns immer auf den Zieltermin und bestimmen, bis wann die einzelnen Schritte vollzogen sein müssen. Die terminierten Schritte übertragen wir in einen Projektkalender. Dieser enthält die Monate des Projektes und wir tragen für jeden Handlungsstrang ein, welche Schritte wir in dem entsprechenden Monat vorhaben. Auf diese Weise können wir zum einen überprüfen, ob Schritte möglicherweise kollidieren oder ob einzelne Projektphasen zu eng oder zu großzügig bemessen sind. Zum anderen haben wir von nun an jederzeit den Überblick, was wir in diesem Monat zu tun haben.

Die Monatsschritte übertragen wir dann wiederum in der Feinplanung in unseren Terminkalender. Damit haben wir das große Ziel heruntergebrochen auf kleine Schritte, die wir Tag für Tag gehen können. Wir können jederzeit überprüfen, wo wir stehen und was wir bereits geschafft haben. Wenn einzelne Aktionen nicht planmäßig funktionieren, erkennen wir im Flowchart bzw. im Projektkalender sofort, welche Auswirkungen das auf die anderen Schritte hat und können den Plan anpassen.

5.5 Kernübung: Projektschritte sammeln

Ein sehr praktisches Hilfsmittel bei der Entwicklung von Handlungssträngen sind Haftnotizen. Sie haben den Vorteil, dass wir sie gut ordnen und ganz einfach umsortieren können.

▶ Nimm jetzt dein Ziel vor Augen und notiere alles, was getan werden muss, um es umzusetzen. Schreibe jeden Stichpunkt auf je eine Haftnotiz oder, wenn dir keine zur Verfügung steht, auf ein Blatt Papier. Überlege auch, ob du Ressourcen für das Projekt einplanen musst (Informationen, Material, Werbung, Unterstützung, Räume, Transport, Genehmigungen/Versicherungen). Notiere dir außerdem alle Punkte, die dir noch unklar sind, für die du eine Lösung finden musst. Auch diese Informationssammlung ist eine Aufgabe, ein Schritt im Projektweg. Stichpunkte, die zu ein und demselben Handlungsstrang gehören, kannst du direkt zusammen gruppieren.

Beispiel

Ein Ausschnitt aus Theresas Stichpunkten und offene Fragen:

Songs:
- *Vorauswahl der Songs treffen*
- *Zeit zum Üben einplanen*
- *Besetzung überlegen*
- *Wie kann ich ohne Geld Musiker für die Aufnahmen gewinnen?*
- *Proben*
- *Aufnahme, Recording*
- *Studio finden und finanzieren können*

Cover:
- *Endgültigen Titel festlegen*
- *Wie bekomme ich Fotos ohne großen finanziellen Aufwand?*
- *Design*

5.6 Kernübung: Flowchart

Erstelle ein Flowchart für dein Projekt:

▶ Geh von den bereits erarbeiteten Handlungssträngen aus.

▶ Nimm dir ein leeres Blatt Papier oder suche dir eine Fläche aus, auf der du die Haftnotizen anordnen kannst. Platziere rechts unten in der Ecke dein Ziel mit Termin. Sortiere nun die einzelnen Handlungsstränge schrittweise nach ihrer zeitlichen Abfolge. Gehe dabei vom Ziel aus. Direkt an das Ziel klebst du den letzten Schritt eines Handlungsstrangs, der getan werden muss, um das Ziel zu erreichen. Von hier aus gehst du rückwärts am Handlungsstrang entlang. Überprüfe, ob die Aktionskette vollständig ist und ergänze mögliche fehlende Schritte. Am Ende eines jeden Handlungsstranges steht ein Schritt, den du sofort erledigen könntest. Das Ende ist also genau genommen der Anfang, den wir aufgreifen, um mit der Umsetzung zu beginnen.

▶ Verfahre mit allen Handlungssträngen genau so, bis du bei allen das Ende erreicht hast.

Beispiel

Auf Seite 212 siehst du exemplarisch zwei Handlungsstränge aus Theresas Flowchart. Die Enden der Handlungsstränge sind fett umrandet. Um diese Punkte konnte sich Theresa sofort kümmern. Bei einigen war das auch wichtig. Ein Aufnahmestudio zum Beispiel, ist oft weit im Voraus ausgebucht, da muss man rechtzeitig anfragen.

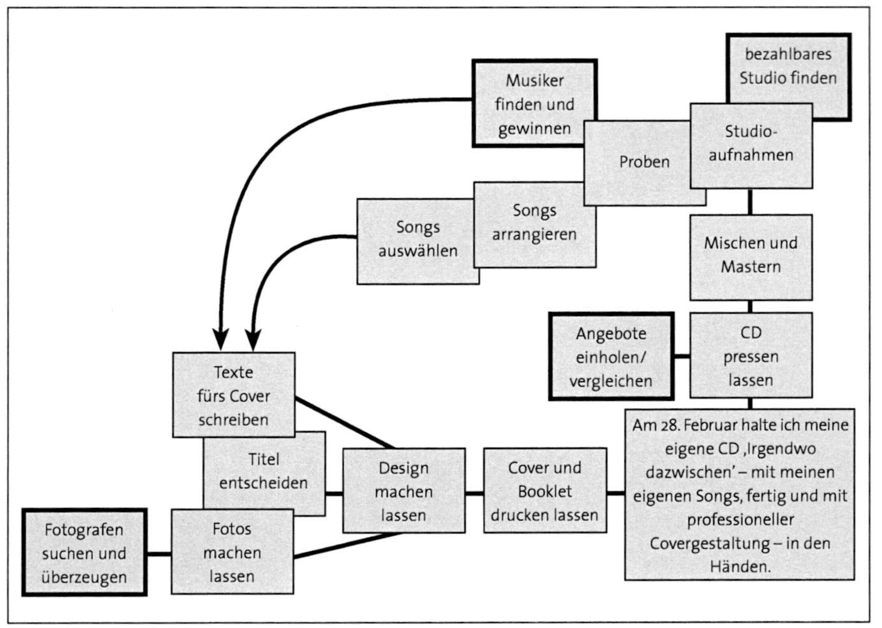

Abbildung 5.3: Zwei Handlungsstränge aus Theresas Flowchart

5.7 Kernübung: Machbarkeitsprüfung und Finanzierungsbedarf

Viele offene Fragen laufen auf fehlendes Geld hinaus. Doch das ist häufig nur oberflächlich betrachtet ein Hindernis, denn das Geld ist in der Regel nicht das, was wir eigentlich wollen. Wir meinen nur, es zu brauchen, um etwas anderes zu bekommen. Das ist auch häufig ohne Geld möglich, wenn wir kreativ werden und, wenn möglich, unser Umfeld in das Projekt einbeziehen. Das können wir zunächst, indem wir Menschen aus unserem Netzwerk von unserem Ziel erzählen, sie nach Ideen für die Lösung konkreter Schwierigkeiten fragen oder direkt um Unterstützung bitten.

Arbeitsschritte:

▸ Betrachte die einzelnen Schritte deines Flowcharts. Sammele jene, für die du zunächst keine Lösung weißt oder für die dir das Geld fehlt. Versuche, dir vorzustellen, dass es ganz sicher einen Lösungsweg gibt und dass er dir nur einfallen muss. Sammele eigene Ideen und befrage auch andere, was ihnen dazu einfällt.

▸ Wenn du dir unsicher bist, ob das Projekt realisierbar ist, kannst du ebenfalls eine Person deines Vertrauens wählen und ihr dein Flowchart erklären. Bitte sie, es wohlwollend kritisch zu prüfen und mit dir gemeinsam Möglichkeiten zu finden, noch bestehende Hürden zu meistern.

▸ Berechne außerdem den Finanzierungsbedarf. Für welche Projektschritte brauchst du tatsächlich Geld? Denke dabei an Material, professionelle Unterstützung, Miete, Transportkosten, mögliche Gebühren etc.. Prüfe für dich, ob du dieses Geld aufbringen kannst bzw. werde kreativ, um einen Weg zu finden.

Beispiel

Theresa hatte den Vorteil, ihren Plan in einem Workshop zu entwickeln, in dem sie von Musikern umgeben war, die sich mit der Materie auskannten. So entstanden schnell kreative Ideen, wie sie offene Fragen angehen könnte. Bezüglich des Studios nahm sie sich zunächst vor zu recherchieren, wo es Studios in der Umgebung gab und was die kosteten. Aus dem Plenum kam der Vorschlag, die Ressourcen der Schule dafür zu nutzen beziehungsweise die Fachdozenten zu fragen, ob sie eine gute Möglichkeit wüssten. Jemand warf ein, dass ja viele Musiker ein Heimstudio hätten. So jemanden müsste man finden.

Dann überlegten wir, wie sie gagenfrei Musiker für die Aufnahmen gewinnen konnte. Ich schlug ihr vor, Nutzenargumente zu entwickeln, die das Projekt für andere interessant machen könnten. Es ist ein großer qualitativer Unterschied, ob wir als Bittsteller an jemanden herantreten oder ihm eine Chance offerieren. So könnte für angehende Berufsmusiker die Erfahrung, bei Studioaufnahmen dabei sein zu können, ein interessanter Punkt sein. Sie konnte auch versuchen, Leistungen zu tauschen, indem sie ihre eigene Unterstützung für andere Projekte anbot. Eine Erwähnung auf dem Cover ist auch reizvoll für Musiker, die sich Referenzen aufbauen.

5.8 Kernübung: Zeitplanung

Wir verwenden hier das Flowchart von Seite 212, werden die einzelnen Schritte aber nun in eine logische zeitliche Abfolge bringen.

Arbeitsschritte:

▶ Terminiere dazu vom Ziel ausgehend rückwärts die einzelnen Schritte der Handlungsstränge. Dabei ist es zum einen wichtig, auf Interdependenzen (gegenseitige oder wechselseitige Abhängigkeiten) zwischen den Handlungssträngen zu achten. Zum anderen dürfen wir nicht vergessen, dass wir unser normales Leben nebenher weiterleben wollen, deshalb sollte die Zeitplanung nicht zu eng sein.

▶ Zudem ist es sehr wertvoll, Pufferzeit einzuplanen, wie Theresa das bei der Festlegung ihres Zieltermines bereits getan hatte. In Projekten geht immer einiges schief, worauf wir keinen Einfluss haben.

Beispiel

An den nun terminierten beispielhaften Handlungssträngen aus Theresas Flowchart (siehe die Grafik auf Seite 216) kann man erkennen, wie Interdependenzen zwischen den Handlungssträngen aussehen können. Theresa konnte erst alle Texte für das Booklet und das Cover schreiben, wenn sie die Songs ausgewählt hatte und wenn feststand, welche Musiker mitwirken werden. Solche Abhängigkeiten gilt es bei der Terminierung der Schritte zu berücksichtigen. Um den Puffer zu haben, plante sie das Projekt so, dass die CD einen Monat vor dem Konzerttermin fertig sein sollte. Da ihr bewusst war, dass dies ein sehr straffer Zeitplan werden wür-

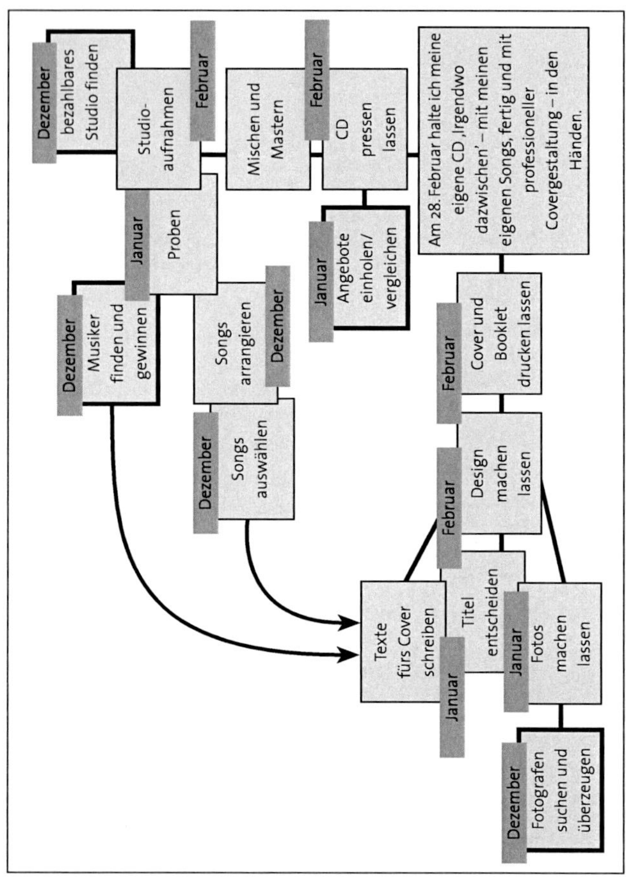

Abbildung 5.4: Zwei Handlungsstränge aus Theresas terminiertem Flowchart

de, wollte sie aber auch versuchen, das Konzert um einen Monat nach hinten zu verschieben, um mögliche Schwierigkeiten besser abfedern zu können.

Theresa beschrieb mir rückblickend, welche Schwierigkeiten es waren, die ihren Zeitplan tatsächlich auf eine Zerreißprobe stellten:

„Du hattest mir im Selbstmanagementworkshop geraten, einen Monat als Puffer einzuplanen, das war die Rettung. Allerdings war der Zeitdruck trotzdem die ganze Zeit sehr hoch – doch ohne dieses feste Ziel, diesen Veröffentlichungstermin, wäre ich heute wahrscheinlich immer noch nicht fertig.

Für das Mischen der Songs hatte ich viel zu wenig Zeit eingeplant. Aus 2-3 Tagen wurden inklusive Mastering schließlich etwa 4 Wochen! Genau die Zeit, die ich als Puffer eingeplant hatte... Ich musste dann aus Zeitgründen loslassen, musste mit Dingen abschließen, mit denen ich noch nicht hundertprozentig zufrieden war, was mir als Perfektionistin äußerst schwer gefallen ist.

Dazu kam die Fehlproduktion der CD-Papphüllen im Presswerk. Die 500 CDs sollten 1-2 Wochen vor dem Release Konzert geliefert werden, das ich schon lange beworben hatte. Als der Liefertermin schon fast gekommen war, meldete sich das Presswerk mit der schrecklichen Nachricht, dass sie die falschen Spezifikationen für die Kartonhülle benutzt hatten. Ich befürchtete nun, meinen Termin nicht mehr einhalten zu können und sah meinen Traum von meiner ersten CD vor meinen Augen zerplatzen. Die fertigen CDs kamen schließlich ganz knapp, 2 Tage vor dem Konzert an."

5.9 Kernübung: Projektkalender und der erste Schritt

Der Projektkalender ist ein Raster, dessen Spalten nach Monaten und dessen Zeilen nach Handlungssträngen benannt sind. Du kannst als Vorlage das **Arbeitsblatt 5.1** herunterladen. Trage die Monate deines Projektes in der Kopfzeile und die Überschriften für jeden Handlungsstrang in je eine Zeile der ersten Spalte ein. Übertrage die Schritte aus dem Flowchart in die entsprechenden Felder. Diesen Kalender gilt es im Projektverlauf zu pflegen.

Arbeitsschritte:

▶ Wähle zu Hause einen Platz, an dem du deinen Projektkalender und dein Flowchart aufhängst. Vielleicht gleich neben deiner Zukunftscollage. Dann kannst du jederzeit sehen, wo du im Projektverlauf stehst.

▶ Bestimme einen Termin in der Woche, an dem du deinen Projektkalender und dein Flowchart konsultierst, um dir regelmäßig vor Augen zu führen, was du schon geschafft hast und um zu prüfen, ob du im Plan liegst.

▶ Übertrage rechtzeitig die Termine, die im Projektkalender nur mit Kalenderwochen angegeben sind, für einen bestimmten Tag in deinen Terminkalender. Behandele diese Termine mit der gleichen Verbindlichkeit wie Verabredungen, die du mit anderen triffst oder wie einen offiziellen Auftrag.

▶ Wenn du in deiner wöchentlichen Projektkonsultation feststellst, dass du nicht im Plan liegst, dann gesteh dir ehrlich ein, woran es lag und ob du daraus etwas für dein weiteres Vorgehen lernen kannst. Überlege, welchen Einfluss du darauf nehmen kannst, den weiteren Plan einzuhalten und trage die Änderungen in den Projektkalender ein.

▶ Alle deine Handlungsstränge enden mit Schritten, die du gleich heute oder morgen tun kannst. Wähle gleich jetzt mindestens einen dieser Schritte und setze ihn innerhalb der nächsten 48 Stunden um. Damit bist du auf dem Weg!

Beispiel

Siehe dir den Ausschnitt aus Theresas ausgefülltem Projektkalender auf der nächsten Seite etwas genauer an. Beim Übertragen werden manchmal noch zusätzliche Schritte deutlich. So wurde klar, dass sie bereits im Dezember Termine vereinbaren müsste, wenn sie im Januar mit anderen viel beschäftigten Musikern proben wollte.

5.10 Unterstützung durch unser Netzwerk

„Sobald der Geist auf ein Ziel gerichtet ist, kommt ihm vieles entgegen." (Johann Wolfgang von Goethe)

Für das Gelingen eines Projektes braucht es, neben einer begeisternden Vision und einer klugen und konsequenten Umsetzung, vor allem tatkräftige Unterstützung. Und das gilt nicht nur für direkte Projektinhalte, sondern auch für unsere Organisation drumherum. Birdy Jessel kann als alleinerziehende Mutter ihren Beruf nur deshalb ausüben, weil sie ein Netzwerk verständnisvoller

Monat => Handlungsstrang	Dezember	Januar	Februar	März
Musik	• Songs auswählen mit dem Arrangieren beginnen • Musiker finden und gewinnen • bezahlbares Studio finden • Probentermine mit Musikern vereinbaren.	• Angebote von Presswerken einholen • Proben mit den Musikern	• Studioaufnahmen • Mischen & Mastern • Pressen	Puffer Release Konzert!
Cover	• Fotografen finden	• Fotos machen lassen • Texte für das Cover schreiben	• Titel entscheiden • Coverdesign machen lassen • Cover und Booklet drucken lassen	Puffer Release Konzert!

Beispiel 5.1: Ausschnitt aus Theresas Projektkalender

Familien in Hamburg-Ottensen hat. Ihre Kinder übernachten bei Freunden, wenn sie einen späten Auftritt hat oder mal über mehrere Tage auf Tour ist. Die beiden Mädchen kennen das von klein auf und freuen sich, bei ihren Freundinnen zu übernachten. Wir brauchen andere, die uns auf solche Weise unterstützen. Und wir brauchen Menschen, die uns Halt geben und Mut machen, wenn der Weg mal schwierig und steinig ist, Begleiter, die eine gute Idee für uns haben, wenn wir nicht weiter wissen und mit denen wir unsere Etappenerfolge und das Gelingen unseres Projektes feiern können. Das ist unser privates Netzwerk.

Weitere Unterstützung können wir uns von öffentlichen Stellen und Profis einholen. Kolja Jebram erzählt, dass er früher eng mit dem Jugendzentrum seiner Stadt verbunden war. Er hatte dort seinen Proberaum und seine ersten Gigs. Er empfiehlt, sich an die lokalen Rockbüros zu wenden. Ihr Zweck ist es, die Musikkultur zu fördern, zum Beispiel durch die Vermittlung von Proberäumen,

Abbildung 5.5: Unser privates und berufliches Netzwerk kann uns Halt, gute Ideen und tatkräftige Unterstützung geben.

durch Gremienarbeit oder Auskünften zu Förderprogrammen. Im Internet bietet sich auch das Deutsche Musikinformationszentrum MIZ [www.miz.org] als Informationsquelle an. Vom Deutschen Musikrat betrieben, dient es der Orientierung in der Musiklandschaft der Bundesrepublik. So findet sich zum Beispiel unter der Rubrik ‚Institutionen' ein Verzeichnis aller Ausbildungsinstitute für Popularmusik in Deutschland. Eine weitere Institution ist der Deutsche Rock- und Popmusikerverband DRMV [www.drmv.de], ein gemeinnütziger Verein, der sich für die Rock- und Popmusik in der Republik einsetzt und Informationen für diese Interessensgruppe bündelt und bereitstellt. Hier kann man sich auch in Rechtsfragen beraten lassen, was existenziell ist, wenn es um die Gestaltung eines umfangreicheren Vertrages geht. Es kann Künstlern passieren, dass sie sich lebenslang unter schlechte Konditionen an größere Vertragspartner binden, ohne sich dessen bei der Unterzeichnung bewusst zu sein, so sagt Kolja Jebram.

Das Internet bietet überhaupt permanent wachsende Möglichkeiten der Vernetzung. Es kann sein, dass man in seiner direkten Umgebung nicht viele Gleichgesinnte antrifft, aber über das Internet können wir uns auf der ganzen Welt vernetzen. Kolja erzählt von der Band Sylvan, die ihr neustes Album in Eigenproduktion über 10.000 Mal verkaufen konnte. Dabei spielte die Internet Community eine tragende Rolle, denn lokal ist die Band nicht sehr bekannt. Sylvan wurde eingeladen, in Mexiko auf einem Festival zu spielen. Als sie dort aus dem Flugzeug stiegen, wurden sie von einer Fangemeinde mit Plakaten in Empfang genommen. Das ist schon ein kleines Wunder, wenn keine Plattenfirma mit einer professionellen PR-Abteilung dahinter steht.

Die Möglichkeiten, über das Internet ohne große Kosten auf sich aufmerksam zu machen, sind vielfältig und entwickeln sich täglich weiter. In Foren zu Spezialthemen findet man Antworten auf fast jede Frage und kann sich auf diese Weise Hilfe holen.

Doch auch bei der direkten praktischen Umsetzung unseres Projektes ist die Unterstützung durch andere der Schlüssel zum Gelingen. Wir müssen nicht alles alleine machen, Menschen helfen grundsätzlich gern! Und gerade als Musiker stärkt es deine Vernetzung, wenn du durch Projekte sichtbar wirst, andere einbindest und selbst zeigst, was du kannst.

> **Kernsatz:** Es gelingt uns, andere für unser Projekt zu begeistern, wenn wir selbst von der Idee beseelt sind. Der Weg wird viel leichter, wenn wir durch unser Umfeld Rückhalt und kreative Impulse bekommen und aus unserem Netzwerk Auskunft, Material und aktive Beiträge einbinden können.

Doch es ist wichtig, diese Kontakte nachhaltig und für alle Seiten gewinnbringend zu gestalten. Gewinn muss nicht immer Geld bedeuten. Auch neue Erfahrungen, ein Austausch oder das Gefühl, einen wichtigen Beitrag zu leisten, können ein Gewinn sein. Wichtig ist, nicht als Bittsteller aufzutreten, sondern als Manager deines Projektes. Vermittle deine Idee und wenn du merkst, dass dein eigener Enthusiasmus auf Resonanz stößt, dann formuliere ganz klar, welche Unterstützung du brauchst. Versuche zu erspüren und einzubringen, welchen Nutzen dein Projekt für den anderen bringen könnte. Wenn jemand bereit ist, dich zu unterstützen, dann kümmere dich frühzeitig um die Terminplanung und informiere deine Unterstützer, was genau du dir von ihnen wünschst. Sei serviceorientiert und wertschätzend, indem du versuchst, ihren Aufwand so gering zu halten wie möglich. Bereite gemeinsame Termine vor, indem du dafür sorgst, dass das notwendige Material vorhanden ist und dass die Zusammenarbeit Spaß machen kann. Gestalte die Arbeit effektiv, indem du deutlich machst, was die Zielsetzung der Veranstaltung ist und wer welche Rolle und Zuständigkeit hat.

5.10.1 Vertiefungsübung: Unterstützung einbinden

Überlege mit einem Blick auf dein Flowchart, wofür du Unterstützung brauchst. Das können Leute sein, die dir Auskunft geben können, dir Material leihen oder einen aktiven Part in der Umsetzung übernehmen. Sprich sie an und schau, ob du sie für dein Projekt begeistern kannst. Frage sie gezielt nach dem, was du brauchst.

Beispiel

Theresa beschrieb mir rückblickend, wie sie Unterstützung für ihr Projekt gewinnen und so, trotz Geldmangels, ihre CD realisieren konnte:

„Wichtig waren vor allem persönliche Beziehungen, der Mut, einfach zu fragen und ein Notfallplan, falls es nicht geklappt hätte.

Für die Fotos war die gute Bekanntschaft mit meinem Fotografen ausschlaggebend. Bei einem gemeinsamen Frühstück erzählte ich ihm in einem langen Gespräch von meinem Herzblut-Projekt, und er wollte mich gerne auf seine Weise unterstützen. Auf einen Freundschaftspreis hatte ich zwar gehofft, aber damit, dass er es ganz umsonst machen würde, hatte ich nie gerechnet.

Ähnlich ging es mir mit den Musikern.
Es war ein Traum von mir, dass mein Gitarrenlehrer bei dem Album mitwirkt. Er war auch ziemlich begeistert von meinen Songs, was mir überhaupt erst Mut gemacht hat, ihn, einen Profi-Musiker, zu fragen. Das mit der Bezahlung war für mich natürlich eine Hemmschwelle, aber wir fanden eine Lösung, die für beide in Ordnung war. So sollte also die Studiozeit mit Gitarrenstunden verrechnet und ein Vertrag aufgesetzt werden, bezüglich Leistungsschutzrechten und einer zusätzlichen, einmaligen Gage. Diese sollte aber erst dann ausgezahlt werden, wenn ich unter Vertrag kommen und Gewinne mit der CD erzielen würde.

Letzteres hatte ich später einem befreundeten Bassisten aus meinem Jahrgang angeboten. Ihm hatte ich zu Beginn meiner Planungen von meinem Vorhaben, eine CD zu produzieren, erzählt und mal vorsichtig meine Fühler ausgestreckt, ob er nicht Lust hätte, mitzumachen. Er zeigte großes Interesse und bot mir schließlich von sich aus an, einige Bassspuren gagenfrei im Studio aufzunehmen – aus seiner Sicht eine gute Übung, denn diese Erfahrung hatte er als angehender Berufsmusiker bisher noch nicht gemacht.

Für einen Song wollte ich gerne eine Hamburger Bluegrassband en-

gagieren. Sie konnte ich schließlich dadurch gewinnen, dass ich ihnen anbot, sie auf der CD mit Namen und Internetauftritt zu verewigen und dass ich auch für sie gerne zur Verfügung stehen würde, wenn sie mal eine Sängerin bräuchten."

5.11 Erholung bewusst einplanen

„Das große Meisterstück des Lebens besteht darin, Ziele zu erreichen und die Gegenwart bewusst zu erleben." (Jörg Löhr)

Wenn wir uns mit Haut und Haaren in ein Projekt stürzen, setzt das sehr viel Motivation und Energie frei. Um diese über die Strecke bis zum Ziel zu halten, brauchen wir uns regelmäßig Erholung. Wir müssen den Brunnen wieder füllen, aus dem wir schöpfen, sonst ‚verheizen' wir uns. Dazu kommt, dass wir Mußezeit mit unseren

Abbildung 5.6: Wenn wir unsere Erholungspausen im Voraus einplanen, wird es leichter, gelegentlich Abstand zu nehmen und Kraft zu tanken.

Liebsten brauchen, um über der Arbeit unsere Beziehungen nicht zu sehr zu strapazieren.

> **Kernsatz:** Wir brauchen Erholungspausen, haben aber mitten im Projekt häufig das Gefühl, keine Zeit dafür zu haben. Deshalb ist es sinnvoll, das Auftanken von vornherein einzuplanen und dann auch durchgängig wichtig zu nehmen.

5.11.1 Vertiefungsübung: Rasthof

Arbeitsschritte:

- Schau dir deinen Projektkalender an und trage in jeden Monat eine umfangreichere Erholungsphase, wie z.B. ein ganzes Wochenende ein, an dem du nicht arbeitest. Behandele diesen Termin mit der gleichen Verbindlichkeit, wie die anderen Projekttermine.

- Bestimme feste Erholungstermine in der Woche, wie zum Beispiel den Sonntag, den regelmäßigen Sport oder das Kaffeetrinken mit der Freundin. Behandele auch diese Termine mit Verbindlichkeit, denn ohne dieses ‚Auftanken' wirst du an deinem Projekt keine nachhaltige Freude haben.

- Mache außerdem eine Liste mit zwanzig Dingen, die du gerne tust, bei denen du die Seele baumeln lassen kannst. Auf diese Liste kannst du zurückgreifen, wenn du mal merkst, dass du ausgepowert bist und dir sogar die Energie fehlt, dir ein Entspannungsprogramm einfallen zu lassen.

Beispiel
Theresas Erfahrungen mit Pausen:

„Wenn ich so zurückblicke, hätte ich wahrscheinlich meine Pausen ganz genau einplanen müssen. Am Anfang nimmt man sich auch Erholungsphasen vor, aber wenn einem dann die Arbeit über den Kopf wächst, dann schiebt man diesen Rastplatz eben immer wieder vor sich her. Am Ende habe ich das Pausemachen während meines Projektes jedenfalls ziemlich vernachlässigt.

Ich meine, ich hatte natürlich auch nicht viel Zeit für Pausen, denn das Projekt war für die paar Monate eigentlich viel zu umfangreich. Hätte ich regelmäßige Pausen einlegen wollen, dann hätte ich eben insgesamt mehr Zeit einplanen müssen. Ich bin aber auch ein bisschen der Typ dafür, die Sachen am Stück durchzuziehen, weil ich immer denke, ich kann danach auch wirklich abschalten und besser entspannen. Ganz nach dem Motto: erst die Arbeit, dann das Vergnügen. Oftmals geht die Rechnung dann aber auch nicht auf, weil dann am Ende wieder was Neues ansteht, was erledigt werden muss.

Trotz allem gab es ein paar Dinge, bei denen ich zwischendurch ein wenig Kraft tanken konnte, wie Erholungsbäder, Ausflüge ins Grüne und Spaziergänge im Stadtpark oder an der Elbe.“

5.12 Belohnung

„Die wirklichen Wunder im Leben haben kein großes Publikum."
(Rainer Haak)

Wer hart arbeitet, hat auch eine Belohnung verdient. Und weil wir erwachsen sind, belohnen wir uns selbst und überlegen uns am besten schon im Voraus, womit. Dann kann uns die Aussicht auf die Belohnung in schwierigen Momenten durch frustrierende Projektphasen helfen.

Ziele zu erreichen, birgt auch Risiken und Nebenwirkungen. Ein Risiko ist, dass wir auf dem Weg bereits über das Ziel hinausgewachsen sind. Jedes Ziel ist nur ein Meilenstein auf unserem Lebensweg. Zu dem Zeitpunkt, an dem wir es anpeilen, ist es in der Regel zwei Nummern zu groß für uns. Das macht nichts, denn der Weg dorthin lässt uns wachsen. Wir gehen mutige neue Schritte und wachsen an unseren Erfahrungen. Das Ergebnis dieses natürlichen Prozesses ist, dass uns die Schuhe, die uns am Anfang zwei Nummern zu groß waren, bereits zu eng sein können, wenn wir am Ziel ankommen. Während wir das Ziel erreichen haben wir

Abbildung 5.7: Wir versprechen uns selbst eine Belohnung, um den Anreiz für das Durchhalten zu erhöhen und den Erfolg am Ende zu würdigen.

häufig schon neue Möglichkeiten der Weiterentwicklung kennen gelernt und neue Wünsche entwickelt, unsere Aufmerksamkeit gilt bereits etwas anderem. Und gerade deswegen ist es so wichtig, unseren Einsatz und das Erreichte zu würdigen und uns dafür angemessen zu belohnen.

Ich höre immer wieder Menschen sagen, dass das Erreichen des Zieles schon beglückend genug sei. Leider ist es ein Missverständnis zu erwarten, dass wir in dem Moment, wo wir durch die Zielgerade laufen, von Glücksgefühlen überwältigt sein müssten. Dafür ist die Anspannung in diesem Moment häufig viel zu hoch und wir haben meist einen intensiven und erschöpfenden Endspurt hinter uns. Das bestätigt auch Uwe Seemann. Die großen Glücksgefühle, so sagt er, entstehen nicht unbedingt, wenn er sich nach der Show vor dem Publikum verneigt. Sie tauchen eher unerwartet auf, wenn er zum Beispiel eine Idee im Studio ausprobiert und feststellt, dass sie wirklich gut ist. Oder wenn beim gemeinsamen Proben ein richtig guter Flow entsteht und aus dem Spielen etwas Größeres wird als eine Ansammlung von Musikern, die ihre Instrumente bedienen. Wir setzen uns unter einen falschen Druck, wenn wir zum Zeitpunkt der Projektvollendung einen Glückstaumel von uns erwarten.

Eine weit verbreitete Nebenwirkung ist das ‚Loch danach'. Wenn wir wochen- und monatelang hart gearbeitet und ein sehr großer Teil unserer Gedanken um einen Punkt gekreist ist, entsteht automatisch ein Loch, wenn dieser Punkt wegfällt. Und all die Erschöpfung, die sich angesammelt hat, bricht sich ihre Bahn. Es ist nicht ungewöhnlich, dass wir dann erstmal krank werden und uns zum Beispiel mit einer Erkältung ins Bett legen. Wir haben uns dann wirklich eine Belohnung und etwas Pflege verdient. Und so, wie wir einem Kind gegenüber unsere Versprechen einhalten müssen, damit es uns auch in Zukunft glaubt, ist es auch absolut wichtig, dass wir uns die in Aussicht gestellte Belohnung tatsächlich gönnen. Nur so werden wir auf Dauer bereit sein, uns immer wieder auf abenteuerliche Projekte einzulassen und alles dafür zu geben.

> **Kernsatz:** Eine Belohnung am Ziel lockt uns nicht nur in schwierigen Projektphasen, weiterzumachen. Sie hilft uns auch, unseren Erfolg bewusst zu würdigen und sie kann das berühmte ,Loch danach' etwas dämpfen.

5.12.1 Vertiefungsübung: Aussicht auf Belohnung

▶ Überlege dir eine echte Belohnung, die du dir gönnst, wenn du dein Projekt abgeschlossen hast. Das kann ein Tag in der Sauna, eine lang ersehnte Anschaffung oder auch eine Reise sein, je nachdem, was dich richtig lockt. Schreibe sie auf einen Zettel oder male ein Bild dafür, du kannst auch eine Postkarte oder ähnliches nehmen. Hefte diese Erinnerung an deine Projektwand neben Flowchart und Projektkalender.

Beispiel

So erging es Theresa: *„Ich habe mich in schwierigen Phasen immer wieder damit getröstet oder mich damit angespornt, nach dem Projekt zur Erholung für längere Zeit nach Hause in den Schwarzwald zu fahren. Die Belohnung lockte immer ganz oben auf* *meinem Wandplaner. Zuerst stand da nur: ‚Ein Tag in der Natur‘, aber als ich merkte, wie sehr mich das Projekt in Anspruch nimmt , da war klar, mit einem Tag Belohnung komme ich nicht weit – also wurde ein Schwarzwald-Urlaub daraus.“*

5.13 Was ein Projekt und eine Schwangerschaft gemeinsam haben

„Die Schwierigkeiten wachsen, je näher man dem Ziele kommt.“
(Johann Wolfgang von Goethe)

Wir planen und ackern, stellen unsere sozialen Kontakte zurück, sind im Endspurt gefährdet, von Panikattacken überflutet zu werden, und wenn wir unser Ziel dann endlich erreicht haben, fallen wir in ein Loch. Ich möchte niemanden entmutigen, indem ich so klar betone, dass ein Projekt kein Zuckerschlecken ist. Es ist einfach wichtig, von Anfang an zu wissen, dass wir uns auf ein Abenteuer einlassen und auf keinen Spaziergang. Warum muten wir uns das eigentlich zu?

Ein Projekt umzusetzen hat Ähnlichkeiten mit einer Schwangerschaft. Es reift zunächst als Wunsch oder schon als Ziel in uns heran und ab einem gewissen Punkt bekommt auch unsere Umwelt mit, dass wir mit einem Vorhaben ‚schwanger gehen‘. Es gibt wunderschöne und sehr liebevolle Arbeitsphasen, während das Projekt heranwächst. Je näher aber der Endtermin rückt, umso aufregender und anstrengender wird es. Wie bei einer Entbindung können wir auch in der letzten Projektphase einen intensiven Prozess erleben, der glückliche Momente birgt, aber, den Geburtswehen ähnlich, auch mit Widerständen, Ängsten und Schmerzen verbunden sein kann. Wenn es geschafft ist, wartet auf uns die Wochenbettdepression – und ein neues Leben. Wir haben etwas in diese Welt gebracht und sind selbst daran gewachsen. Wir sind schöpferisch geworden, haben etwas erschaffen.

> **Kernsatz:** Ein eigenes Projekt mit Mut, Leidenschaft und Disziplin umzusetzen, ist ein Abenteuer, das alle Höhen und Tiefen birgt, die das Leben ausmachen. Es ist eine Form der Selbstverwirklichung.

Beispiel

Theresas Gefühle, wenn sie auf den Endspurt zurückblickt: *„Manchmal hatte ich das Gefühl, ich schaffe das nie! Aber jetzt noch aufgeben hätte es für mich nicht gegeben. Das Album war mein großer Traum, da hätte mich nichts und niemand mehr davon abhalten können, ich hätte wahrscheinlich in diesem Stadium des Endspurts auch meinen letzten Cent dafür gegeben.*

Jetzt, da es geschafft ist, bin ich in erster Linie sehr stolz, dass ich das alles durchgestanden und durchgezogen habe. All die Dinge, die ich organisieren und entscheiden musste, übernehmen bei Künstlern, die unter Vertrag sind, die Plattenfirmen und Produzenten. Ich habe enorm viel dabei gelernt, auch aus Fehlern, und kann jetzt auch anderen Musikern hilfreiche Tipps geben. Das alles selbst geschafft zu haben, gibt einem natürlich großes Selbstvertrauen. Aber auch die Arbeit einer Plattenfirma kann ich nun noch besser verstehen.

Man bekommt Mut, weiter für sich als Künstlerin zu kämpfen, wenn man schon so viel geschafft hat. Im Nachhinein habe ich auch viel Anerkennung von außen bekommen, z.B. auch von Studienkolleginnen oder von erfahrenen Musikern und – ganz wichtig – von meinen Konzertbesuchern. Das macht Mut und es tut gut nach einer so nervenaufreibenden Zeit. Auch das Gefühl, dass deine Liebsten und Freunde zu dir gestanden haben und mit dir durch dick und dünn gegangen sind, ist schön und gibt Kraft. Am Ende bist du ja doch nie ganz alleine und hast unterstützende, helfende Hände.

Das schönste Gefühl war, nach all dem Stress und der Arbeit, mein eigenes Werk in den Händen zu halten und sagen zu können: Das habe ich gut gemacht, ich bin stolz auf mich!"

Abbildung 5.8: Mit solidem Projektmanagement gehen wir etappenweise auf unser Ziel zu, binden Unterstützung ein und halten uns durch Erholung und eine attraktive Belohnung bei Kräften und bei Laune.

**Essenz des Kapitels
‚Ziele und Projektmanagement':**

▶ Die sechs Wirksamkeitskriterien für Ziele stellen sicher, dass wir schon mit der Zielformulierung die Voraussetzungen für ein erfolgreiches Projekt schaffen.

▶ Projektmanagement entlastet uns, weil es uns den Überblick darüber verschafft, was zu welchem Zeitpunkt getan werden muss und was wir dafür benötigen.

▶ Wir müssen nicht alles alleine machen. Wenn wir richtig fragen, helfen uns die Menschen gerne.

▶ Ein Projekt ist ein Abenteuer, das auch anstrengend und aufreibend sein kann. Es ist wichtig, dass wir durch Pausen immer wieder Kraft tanken und dass wir uns für unseren Einsatz belohnen, wenn das Ziel erreicht ist.

---

6 Widerstände und Ungewissheit

„Es gibt nichts auf der Welt, das es wert ist, getan zu werden, und nicht Ängste in dir wachruft. In dem Moment, in dem du beschließt, deine Traumziele zu verwirklichen,beginnt eine Reise ins Unbekannte. Und die natürliche Reaktion auf Unbekanntes ist Angst." [1] (Barbara Sher)

Wenn wir uns auf den Weg machen, unsere Anlagen zu entfalten und unsere Vision zu erfüllen, wenn wir Neuland betreten, können wir uns einer Sache sicher sein: Wir werden immer wieder Anflüge von Angst erleben, hier und da mal eine schlaflose Nacht mit Grübeln verbringen oder wiederholt Impulse verspüren, lieber vor all dem weglaufen zu wollen, anstatt weiter zu gehen. Das sind ganz normale ‚Wachstumsschmerzen'. Kinder klagen manchmal über Wachstumsschmerzen in den Beinen. Ihre Knochen, Muskeln und Gelenke wachsen dann so schnell, dass sich das unangenehm anfühlt. Unserem Selbstbewusstsein geht es genauso, wenn wir die Grenzen unseres Möglichkeitenraumes ausdehnen, innerlich wachsen und unseren Aktionsradius erweitern. Wenn wir akzeptieren, dass das normal ist, ist es auszuhalten. Doch wir stoßen innerlich auch immer wieder an massivere Grenzen, die fast unüberwindbar erscheinen. Auch solche Blockaden sind vollkommen normal und gehören dazu, wenn wir uns Herausforderungen stellen. Von diesen inneren Widerständen handelt der erste Teil des Kapitels.

Der Weg eines selbständigen Musikers besteht aus vielen Projekten, aus wiederkehrenden Herausforderungen. Und er ist mit ständiger Ungewissheit verbunden. Es wird immer wieder Zeiten geben, in denen wir den eingeschlagenen Weg hinterfragen und prüfen, ob das wirklich noch das Richtige für uns ist. Auch dieser Prozess des Zweifelns und der Neuausrichtung gehört zu einer lebendigen Laufbahn dazu. Darauf geht der zweite Teil des Kapitels näher ein.

> **Kernsatz:** Innere Widerstände und Ungewissheit sind zwei Begleiterscheinungen, derer wir uns immer sicher sein können. Wir können lernen, mit ihnen zu leben. Dann verlieren sie einen Teil ihres Schreckens und können mehr und mehr zu vertrauten Begleitern werden, an denen wir erkennen, dass wir lebendig sind.

6.1 Der innere Widerstand

„Es hat keinen Sinn, vor seinen Ängsten und Befürchtungen davonzulaufen oder sie zu verdrängen. Das macht sie nur stärker."
(Martin Weiss)

Darf ich vorstellen: Bruce.

Bruce ist mein persönlicher innerer Widerstand. Ich habe ihn einmal gezeichnet und ihm diesen Namen gegeben, als er vor einem meiner Workshops den üblichen ‚Eiertanz' mit mir aufführte. Er soufflierte mir ununterbrochen Sätze wie: *„Ich will das jetzt nicht! Ich habe überhaupt keine Lust dazu! Wenn ich da keinen Spaß dran habe, sollte ich es doch lieber sein lassen! Ich schaffe das jetzt auch gar nicht mehr, alles vorzubereiten, weil ich mich bis jetzt die ganze*

Abbildung 6.1: *Unser innerer Widerstand stellt sich uns in den Weg, wie ein Gegner. Tatsächlich ist es seine Mission, uns zu beschützen.*

Zeit abgelenkt habe! Das wird total unprofessionell und ich blamiere mich komplett!" Diese Monologe darf sich mein nahes Umfeld vor jedem Workshop anhören. Und jedes Mal ist es bitter ernst. Mein Körper ist derartig von Adrenalin geflutet, dass es mir fast zu den Ohren wieder rauskommt. Das ist sehr anstrengend. Gleichzeitig merke ich aber auch, dass ich lerne, immer besser damit zu leben. Ich weiß ja inzwischen, dass die Workshops trotzdem großartig und professionell laufen und dass die Teilnehmer wichtige Erfahrungen daraus ziehen. Und ich weiß auch, dass es nur Bruce ist, der mich zu bremsen versucht.

Barbara Sher [2] vergleicht diesen Widerstand mit einer Art ‚innerem Bodyguard', der sich uns in den Weg stellt, sobald er Gefahr wittert. Er ist eine Erscheinungsform unserer Urängste. Angst ist ein natürlicher Schutzmechanismus, der auf die Frühzeit unserer Entwicklungsgeschichte zurückgeht und bis heute überlebensnotwendig ist. Jeder Mensch lebt mit Angstgefühlen und er braucht sie, weil sie ihn vor gefährlichen Situationen warnen und durch unbewusste körperliche Abläufe blitzschnelle Reaktionen auslösen können. Zum Beispiel im Straßenverkehr: Unser Körper reagiert in Schreckmomenten schneller als unser Verstand. So kann es uns passieren, dass wir als Fußgänger schon von der Straße gesprungen sind, noch ehe wir bewusst realisiert haben, dass da ein Auto kam. Es ist unser uralter Schutzmechanismus, der diese Körperreaktionen auslöst und er reagiert auf alle Situationen, die wir bewusst oder unbewusst als bedrohlich wahrnehmen.

Das Bild von Sher machte es mir leichter, diesen Mechanismus zu begreifen: mein innerer Widerstand ist kein Gegner, er ist eigentlich mein ‚innerer Sicherheitschef', dessen Job es ist, mich zu beschützen. Er kann allerdings zwischen einem steinzeitlichen Säbelzahntiger, einem rasenden Auto oder einer Ansammlung unbekannter Workshopteilnehmer nicht unterscheiden, für ihn sind das alles unkalkulierbare Risiken.

> **Kernsatz:** Unser innerer Widerstand entspringt einer uralten und überlebenswichtigen Schutzfunktion allem Unbekannten gegenüber.

Ich begann, diesen ‚mentalen Bodyguard' zu erforschen, der auftritt wie ein Widersacher, aber in Wirklichkeit mein Freund ist. Seitdem ich ihm einen Namen gegeben habe, erkenne ich ihn sehr schnell, und das, obwohl er ganz unterschiedliche Erscheinungsformen annehmen kann. Einmal lockt er mich schmeichlerisch mit Ablenkungen. Ich ertappe mich dann dabei, wie ich mir seelenruhig die Fingernägel feile, anstatt an meinem Konzept zu arbeiten. Er kann aber auch plötzlich aus dem Nichts ganz wichtige Aufgaben aus dem Ärmel schütteln und sie ganz oben auf meine Prioritätenliste schummeln. Dann kann ich mich kaum davon abhalten, meine Festplatte mal gründlich auszumisten, anstatt weiter zu arbeiten. Das sind seine netten Tricks, um mich von meinen Vorbereitungen abzuhalten. Er kann aber auch anders. Er kann mir nämlich aufzählen, was alles schief gehen könnte und redet mir ein, dass wahrscheinlich alle Teilnehmer, die zu meinem Workshop erscheinen, überkritisch sind und sich schon seit einer Woche darauf freuen, mich und mein Angebot in der Luft zu zerreißen. Das finde ich nicht nett von ihm, aber so ist er nun mal. Und mehr und mehr gelingt es mir, ihn reden zu lassen (abstellen kann man ihn nicht) und mich gleichzeitig daran zu erinnern, dass ich diese Schikane schon viele Male durchlaufen habe und dass immer alles gut gegangen ist. Und der Kontrast zwischen diesen Schwierigkeiten vorher und meiner tatsächlichen Leistungsfähigkeit, Präsenz und Freude, wenn es so weit ist, fasziniert mich immer wieder.

> **Kernsatz:** Das Ausmaß unseres inneren Widerstandes vor einem wichtigen Auftritt sagt nichts über unsere tatsächliche Leistungsfähigkeit auf der Bühne aus.

Im Zuge meiner Beobachtungen habe ich neben seinen formwandlerischen Fähigkeiten noch eine weitere Besonderheit an Bruce festgestellt. Er ist ein Scheinriese, wie ihn Michael Ende in seinem Buch ‚Jim Knopf und Lukas der Lokomotivführer' beschreibt. Wenn ich vor ihm weglaufen will, wird er immer größer statt kleiner. Als mir das klar wurde, begann ich, mich ihm zu stellen und Geschäfte mit ihm zu machen. Ich lud ihn ein, dass er gerne bei meinen Vorbereitungen anwesend sein dürfe, wenn er sich mir im Gegenzug nicht in den Weg stellt. Das klappt ganz gut. Er plappert dann immer noch Unsinn über Pannen und Blamagen, aber er ist nicht mehr so aufgeregt und laut. Er lässt mich arbeiten. Es wäre gelogen, zu behaupten, dass ich jetzt in seiner Gegenwart vollkommen entspannt wäre, aber ich bin zumindest meist nicht mehr in Panik.

Nicht jeder hat die gleichen inneren Widerstände, jeder von uns hat seinen ganz individuellen Cocktail, der auch ganz unterschiedlich stark anschlägt. Es ist eine große Entlastung zu wissen, dass auch sehr erfolgreiche Künstler, die schon seit vielen Jahren im Geschäft sind, nach wie vor mit sich ringen, jeder auf seine Weise. Drei Beispiele von Widerständen sollen hier exemplarisch beleuchtet werden und zu jedem wird im Anschluss eine Vertiefungsübung angeboten.

6.2 Innerer Widerstand 1: Ängste und Zweifel

„Es kam der Tag, an dem es schmerzlicher war, eine Knospe zu bleiben, als das Risiko einzugehen, aufzublühen." (Anaïs Nin)

Wenn wir uns bewusst und aus tiefstem Herzen dazu entscheiden, einen neuen Weg einzuschlagen, werden neben unserem Tatendrang leider auch unsere Ängste mobilisiert. Wenn wir etwas Neues anstreben, bedeutet das zwangsläufig, dass wir Bewährtes hinter uns lassen müssen. Das bringt unseren inneren Sicherheitschef schnell dazu, einzuschreiten. Er kann dafür massive Ängste mobilisieren, die uns leicht von unseren Plänen abbringen können.

Kernsatz: Es ist gut, auf unsere Ängste zu hören. Sie können uns auf Risiken hinweisen, die es zu prüfen gilt. Wenn wir dann aber entscheiden, diese Risiken in Kauf zu nehmen, gilt es, den Ängsten und Zweifeln standzuhalten.

So erlebte es Roger Cicero, als er sich für das neue Konzept ‚Swing mit deutschen Texten' entschied. In Kapitel 4 wurde bereits geschildert, dass er von nun an alle anderen Anfragen ablehnen musste, um sich voll auf das neue Projekt konzentrieren zu können. Er hatte bis dato das Glück gehabt, so erzählte er, dass sein Telefon häufig klingelte. Reizvolle Angebote jetzt ablehnen zu müssen, war für ihn sehr ungewohnt, und es fiel ihm ausgesprochen schwer. *„Als freiberuflicher Musiker hat man nicht häufig die Gelegenheit, ein ‚Nein' zu üben. Das macht man einfach nicht. Man sagt nur ‚Nein', wenn man an dem Tag bereits einen Job hat."*

Nun musste er aber genau das tun. Er musste Türen hinter sich schließen, ohne zu wissen, was die Räume vor ihm für ihn bereithalten würden. Diese Übergangszeit, bis die Leute aufhörten anzurufen, war, so sagt er, die schwierigste Zeit für ihn. Die Entscheidung war getroffen. Er hatte sie wachsen lassen, bis er wirklich das Gefühl hatte, dass das der richtige Weg war. Und dieses Gefühl hatte eine sehr klare Sprache gesprochen. Das war für ihn der einfache Part gewesen. Der schwierige Part war, bei dieser Entscheidung zu bleiben, als die Ängste kamen und sagten: *„Oh Gott, du bist ja wahnsinnig!"* Diese Zweifel kommen immer erst dann, wenn man anfängt zu realisieren, was es einen kostet, das Gewohnte hinter sich zu lassen. Und sie können so stark werden, dass man sich fast nicht vorstellen kann, nicht darauf zu hören. Sich darüber hinwegzusetzen, bewusst bei seiner Entscheidung zu bleiben und zu sagen *„Ich mach einfach weiter!"*, ist eine harte Bewährungsprobe. Aber genau das muss man tun, so sagt Roger, und in seinem Fall hat sich die Entscheidung gelohnt.

Was uns in diesen Situationen so umtreibt, ist die Angst vor dem Scheitern, und diese ist in unserer Kultur sehr stark ausgeprägt. Wolf Lotter [3] spricht von einem ‚Stigma des Scheiterns': *„Wer ein Risiko eingeht und scheitert, wird in Deutschland als ewiger Versager abgestempelt [...] Erst langsam lernt die Nation, was jeder Seemann weiß: Das Auf und Ab ist etwas ganz Normales."* In den USA, so schildert Lotter, herrscht eine andere Mentalität: *„Scheitern ist möglich. Dann steht man auf, nimmt sein Wissen und seine Erfahrung und geht weiter, sicher nicht dümmer als vorher."*

Dass Scheitern sogar befreiend wirken kann, hat die Autorin von Harry Potter, J.K. Rowling, erlebt [4]. Sie stammte aus sehr bescheidenen Verhältnissen. Ihrem tiefsten Wunsch zu folgen, Romane zu schreiben, war zunächst vollkommen undenkbar. Ihre Eltern meinten, ihre Fantasie wäre ein persönliches Hobby, aber nichts für einen ordentlichen Beruf, davon könne man seinen Lebensunterhalt nicht bestreiten. Rowling ließ sich auf einen Kompromiss ein, der, so sagt sie heute, keinem wirklich genutzt hat. Sie strebte eine solide Berufslaufbahn und ein ‚geordnetes Leben' an. Und sie scheiterte auf ganzer Linie. Sie fand sich wieder als alleinerziehende Mutter, einsam und ernsthaft mittellos.

Diese Situation war ein Tiefpunkt und zugleich eine Wende. Ihre schlimmsten Ängste waren eingetreten aber sie stellte fest, dass sie immer noch lebte. Jetzt hatte sie nichts mehr zu verlieren! So konzentrierte sie endlich ihre ganze Energie auf die eine Sache, die ihr wirklich etwas bedeutete. Sie begann zu schreiben. Dass sie und ihre Familie damals befürchtet hatten, davon könnte sie ihren Lebensunterhalt nicht bestreiten, lässt uns aus heutiger Perspektive schmunzeln, denn sie ist nun eine der reichsten Frauen Großbritanniens. Doch die Angst, sich ins Ungewisse vorzuwagen, ist kein Scherz. Sie kann sehr real sein und zutiefst erschreckend. Und in einem gewissen Ausmaß gehört sie zu jedem Aufbruch zu neuen Ufern dazu. Unseren Ängsten ins Auge zu blicken, ist eine große Wachstumschance. Auch wenn wir feststellen, dass der eingeschlagene Weg nicht der richtige ist, so werden sich neue, vorher ungeahnte Möglichkeiten auftun. Roger drückt es so aus: *„Es gibt keinen Weg zurück, aber immer einen weiter."*

6.2.1 Vertiefungsübung: Ängste und Zweifel

Wenn du mit deinen Zweifeln und Ängsten arbeiten willst, dann ist es interessant mal hinter diese Widerstände zu schauen.

Arbeitsschritte:
- Beginne mit der Angst oder mit dem Zweifel, der jetzt gerade präsent ist. Stelle dir die Frage: *„Was ist das schlimmste, was passieren könnte?"*. Und gehe von den auftauchenden Gedanken weiter, mit der selben Frage: *„Was ist dann das schlimmste, was passieren könnte?"*. Um bei diesen Gedanken nicht abzuschweifen, kann es sinnvoll sein, die Übung im Dialog mit einer vertrauten Person zu machen, die diese Frage immer wiederholt. Schreibe die Kette deiner Antworten in knappen Stichpunkten mit, oder dein Dialogpartner übernimmt das für dich.

▶ Wenn du an einem Punkt nicht mehr weiter kommst, weil nichts schlimmes mehr passiert oder weil das schlimmste eingetreten ist, spüre nach: wie schlimm ist das wirklich? Lohnt es sich, aus Angst davor von deinem Vorhaben abzurücken?

▶ Überprüfe außerdem die Angst-/Zweifelkette. Wie realistisch und wie wahrscheinlich ist es, dass dies wirklich eintritt?

Beispiel

Katja plante ihren ersten selbst organisierten Gig. Sie hatte schon mit anderen Musikern auf der Bühne gestanden, aber immer in der zweiten Reihe. Jetzt wollte sie einen Abend mit ihren eigenen Songs auf die Beine stellen. Doch sie merkte, dass sie blockiert war und Angst davor hatte.

Was wäre das schlimmste, was passieren könnte?

„Es könnte sein, dass niemand kommt, oder dass die Leute in der Pause gehen.“

Was wäre das schlimmste, was passieren könnte?

„Ich sitze am Ende ganz alleine da und die anderen Musiker und die Betreiber des Clubs sehen das alle.“

Was wäre das schlimmste, was passieren könnte?

„Die denken alle, dass niemand meine Musik hören will. Und ich denke das auch.“

Was wäre das schlimmste, was passieren könnte?

„Keiner will mehr mit mir einen Gig machen und ich traue mich auch gar nicht mehr.“

Was wäre das schlimmste, was passieren könnte?

„Ich würde nur noch andere begleiten oder Background singen.“

Was wäre das schlimmste, was passieren könnte?

„Das würde mich so frustrieren, dass ich mit der Musik aufhöre.“

Was wäre das schlimmste, was passieren könnte?

„Dass ich vielleicht gar nichts mehr mit Musik zu tun haben will.“

Was wäre das schlimmste, was passieren könnte?

„Langeweile, Sinnlosigkeit…“

Hier war für Katja das Ende der Kette erreicht. Wenn sie sich gefühlsmäßig in diese letzte Konsequenz hineinversetzte, war es einerseits furchtbar, die Vorstellung zuzulassen, die Musik aufzugeben. Gleichzeitig war ihr sofort klar, dass es dazu nie kommen würde und dies bestätigte sich bei der Überprüfung ihrer Antwortkette. Die meisten Antworten waren sehr unwahrscheinlich. Diese Klarheit konnte Katja die Angst nicht vollkommen nehmen, aber sie konnte eine größere Distanz dazu aufbauen, weil ihr bewusst geworden war, dass es ihr natürlicher innerer Widerstand war, der eine sehr unwahrscheinliche Bedrohung aufbauschte.

6.3 Widerstand 2:
Der innere Schweinehund

„Gegen Zielsetzungen ist nichts einzuwenden, sofern man sich dadurch nicht von interessanten Umwegen abhalten lässt."
(Mark Twain)

Es ist immer wieder erstaunlich, wie viele interessante Umwege uns locken, wenn es darum geht, diszipliniert umzusetzen, was wir uns vorgenommen haben. Studenten beginnen kurz vor dem Examen, anstatt zu lernen, eifrig ihre Wohnung zu putzen oder endlich mal wieder eine Freundin anzurufen, die sie seit Monaten nicht gesprochen haben. Andere werden von ihrem Sofa (nicht vergessen: Bruce ist ein Formwandler!) vehement zu einem Nickerchen eingeladen, aus dem sie erst Stunden später wieder erwachen.

Anna Depenbusch erzählt, dass sie begann, voller Freude und Leichtigkeit Gedichte zu vertonen, während sie eigentlich konzentriert an einem anderen Projekt arbeiten wollte. Oft sind das wirklich lohnende Umwege; eine saubere Wohnung, eine Mütze voll Schlaf oder neue kreative Ergebnisse muss man nicht als verschwendete Zeit bezeichnen. Dennoch ist es unangenehm, wenn uns bewusst wird, dass wir vor allem Ablenkungsmanövern unseres inneren Bodyguards aufsitzen, der uns von einem Ziel abhält, das wir wirklich erreichen wollen. Es gibt verschiedene Möglichkeiten, damit umzugehen.

Wenn wir merken, dass wir um den heißen Brei herumschleichen, und dass es uns schwer fällt, uns an die Arbeit zu machen, können wir uns entscheiden, unserem Projekt zumindest eine

Chance zu geben. Wir können unseren inneren Sicherheitschef beruhigen, indem wir ihm sagen, dass wir uns wirklich nur fünf Minuten dransetzen und ein bisschen herumspielen. Und sehr häufig, wenn wir erstmal in Kontakt mit der Materie sind, springt die Flamme über, und wir können arbeiten. Wenn dem nicht so ist, haben wir es zumindest versucht, denn erzwingen kann man es manchmal nicht.

Kernsatz: Bei kreativer Arbeit gilt es, einen Mittelweg zwischen freiem Fluss und Disziplin zu finden.

„Ideen", so sagt Anna, „können es nicht leiden, wenn man versucht, sie in Zement zu gießen. Die wollen kommen und gehen, wann sie wollen. Man kann sich eigentlich nur anbieten und Bereitschaft zeigen. Was dann Disziplin braucht, ist das Ausarbeiten. Die Funken springen mich permanent an, aber aus einem Funken ein Lied zu bauen, ist noch mal ein ganz anderer Ansatz. Da heißt es, morgens zeitig aufstehen, ins Studio gehen und ausprobieren, ob der Funke Substanz hat."

Gegen diese Disziplin wehrt sie sich immer wieder. Sie empfindet verbindliche Wochenpläne schnell als ein Korsett und fürchtet, dass sich ihre Kreativität dann nicht mehr frei entfalten kann. Auf der anderen Seite weiß sie, dass das nicht stimmt. Eigentlich, so sagt Anna, weiß sie, was eine gute Idee und was eine schlechte Idee ist. Und wenn sie gar nicht anfängt, daran zu arbeiten, haben die guten Ideen keine Chance, zu einem Lied zu werden.

Anna hat ihre eigenen Tricks, damit umzugehen. Sie weiß, dass sie unter Druck sehr gut arbeiten kann. Wenn sie merkt, dass sie von selbst nicht genug Disziplin aufbringen kann, erhöht sie den Druck von außen. Zum Beispiel, indem sie einen Produzenten ins Boot holt und mit ihm Termine vereinbart. Sie weiß dann, dass dieser nur arbeiten kann, wenn er von ihr Material bekommt. Wenn der Termindruck so groß wird, dass sie schon fürchten muss, dass sie es nicht mehr schafft, dann beginnt sie sich freizukämpfen. Sie bekommt einen Tunnelblick, sieht nur noch ihre Songs und wird extrem produktiv.

Welchen Weg auch immer wir finden, mit unserem inneren Schweinehund umzugehen, der erste Schritt ist, ihn zu erkennen. Erst wenn wir uns bewusst sind, dass er zwischen uns und unserem selbst gewählten Ziel steht, haben wir die Chance, ihn zu umgehen, zu überwinden oder ihn zu überreden, mit uns gemeinsam einen spielerischen Blick auf unsere Arbeit zu werfen.

6.3.1 Vertiefungsübung: Innerer Schweinehund

Wenn du merkst, dass du dich von deinem eigentlichen Vorhaben ablenken lässt, empfehle ich dir das folgende Vorgehen:

Arbeitsschritte:
▸ Mache mit dir selbst aus, dass du deinem Vorhaben unter allen Umständen eine Chance von 15 Minuten gibst und dass du dann entscheidest, ob du daran weiterarbeitest oder etwas anderes tust.

▶ Finde den leichtesten Zugang. Nimm dein Arbeitsmedium erstmal zur Hand, sei es das Instrument, der Computer oder seien es Papiere.

▶ Bewege dich spielerisch auf den Inhalt zu, um den es eigentlich geht: mach ein paar Fingerübungen, öffne die Datei und schau mal darüber oder male ein paar Blümchen auf das Papier.

▶ Es besteht die Wahrscheinlichkeit, dass auf diesem Wege dein natürliches Interesse für das Thema durchdringt und dass du Zugang zu der Materie findest. Wenn nicht, dann lass es nach den 15 Minuten bleiben. Überleg dir, wann du es wieder probierst und tue dir etwas Gutes, oder das, was dir unter den Nägeln brennt.

6.4 Innerer Widerstand 3: Lampenfieber

„In dir muss brennen, was du in anderen entzünden willst."
(Kirchenvater Augustinus)

„Nach Hause zu Mutti. Nicht das machen, was ich jetzt machen muss!" So fasst Stephanie Hundertmark den starken Impuls zusammen, den sie kurz vor einem Auftritt mit ihren eigenen Songs verspürt. Körperliche Anzeichen: Zittern, trockener Mund, Kurzatmigkeit – alles Symptome, die beim Singen behindern. Vor dem Release-Konzert ihrer eigenen CD im Jahre 2005 wäre sie ‚fast gestorben', so sagt sie. Doch in diesem Moment, wenn sie hinter der Bühne steht und es gleich losgeht, dann kann sie nichts an-

deres tun, als sich in ihr Schicksal zu fügen. Sie versucht dann, sich daran zu erinnern, dass sie das ja eigentlich auch will und darauf zu vertrauen, dass wieder alles gut geht. Auf der Bühne lösen sich die Beklemmungen und die Körpersymptome zum Glück relativ schnell auf.

Dann zeigen sich die positiven Nebenwirkungen dieses massiven Stresses: Unser gesamtes System ist erregt und hellwach, wir sind extrem leistungsfähig. Doch vorher, wenn wir dem Moment ins Auge sehen, in dem wir uns ungeschützt einer Ansammlung von Menschen und in das Zentrum der Aufmerksamkeit stellen sollen, schrillen in uns alle Alarmglocken. Nicht jeder leidet unter massivem Lampenfieber, aber wer kennt nicht die Angst, sich der Kritik auszusetzen und sich möglicherweise zu blamieren. Und diese Ängste sind berechtigt. *„Es gibt immer Leute, denen es nicht gefällt, was du machst,"* sagt Anna Depenbusch, *„das muss man abkönnen, sonst geht man kaputt. Diese Leute gehören dazu. Die gehören genauso dazu, wie die Leute, die es mögen. Ich kann mich entscheiden, an wem ich mich orientiere, an denen, die es mögen oder an solchen, denen es nicht gefällt. Ich orientiere mich an denen, die es mögen. Damit fahre ich besser. Man kann sich unglaublich verunsichern lassen. Dennoch lohnt es sich, auch schlechte Kritiken zu nehmen und zu prüfen, denn manchmal ist da wirklich was dran."*

Kernsatz: Kritiker gehören dazu, ebenso wie Pannen und Fehler. Wir können uns sorgfältig vorbereiten, aber wir können es nie allen recht machen und jeden Fehler vermeiden.

Stephanie Hundertmark erzählt, dass sie einmal mitten in einem Konzert einen Akkord nicht mehr greifen konnte. Und das bei einem Titel, den sie selbst geschrieben hatte. Ihre Hände wussten mit einem Mal nicht mehr, was sie zu tun hatten. Auch nicht, als sie es ein zweites Mal probierte. Sie nahm es mit Humor und versprach dem Publikum, es später noch einmal zu probieren. Da klappte es dann tatsächlich wieder. Das sind Momente, in denen das Publikum die Künstlerin als Mensch erlebt. In diesen Augenblicken zeigt sich unsere Persönlichkeit und unsere Einstellung zu dem, was wir tun. Konzertbesucher sind Menschen und sie kommen, um einen Menschen aus Fleisch und Blut zu erleben. Menschen machen Fehler.

Doch das ist nur ein schwacher Trost, wenn das Lampenfieber mit eiserner Faust zugreift. Marcus Deml kennt das nur zu gut. Er steht vor Konzerten regelmäßig kurz vor dem Brechreiz, wie er sagt. Er fängt an, wirres Zeug und dumme Witze zu erzählen. Und seine Hände werden so kalt, dass er keinen Akkord mehr greifen kann - sehr hinderlich beim Gitarrespielen. Seine Strategie ist inzwischen, sich noch für wenigstens zwei Minuten zurückzuziehen und zu versuchen, seine Atmung zu normalisieren. Gleichzeitig übt er mental, einen inneren Abstand zu der Situation zu finden. Wenn er erst auf der Bühne steht, dann vergisst er, dass seine Hände so kalt sind und beim zweiten Song sind sie auch schon wieder auf Normaltemperatur. Den perfekten Umgang mit dem Lampenfieber, sagt er, hat er bis heute nicht gefunden. Aber obwohl er darunter leidet, hat er auch Angst davor, dass es weggeht. Er befürchtet, dass sich dann eine ‚Scheiß-egal-Haltung' einstellt, die er bei vielen seiner Kindheitsidole beobachtet: *„Die spielen dann* *nur noch ihren Film runter. Die meisten sind schlechter geworden, da brennt einfach nichts mehr.“*

Ein Patentrezept für den richtigen Umgang mit Lampenfieber scheint es nicht zu geben. Sicherlich hilft es, Körper- und Bewusstseinsübungen zu trainieren, die man auch in einem Zustand heftiger Erregung wenigstens ansatzweise abrufen kann. Vor allem aber gilt es wohl, zu akzeptieren, dass es einfach dazugehört.

6.4.1 Vertiefungsübung: Lampenfieber

Auf deiner Forschungsreise, wie du mit deiner ganz eigenen Form von Lampenfieber umgehst, biete ich dir folgende Möglichkeiten zum Ausprobieren an:

▶ Lies Biografien von Musikern mit Lampenfieber oder halten dir die hier erzählten Beispiele vor Augen.

▶ Schreibe dir aus einem Moment der Ruhe und Sicherheit heraus selbst einen kurzen Brief, in dem du dir die Mechanismen des Lampenfiebers erläuterst und dir selbst Mut machst. Nimm diesen Brief mit, wenn du das nächste Mal in eine Situation hineingehst, die üblicherweise Lampenfieber bei dir hervorruft. Gib deinem inneren Widerstand ein Gesicht und einen Namen. Du kannst auch Bruce nehmen, wenn er für dich passt. Zeichne diesen zu deinem Brief dazu. Das hilft dir, daran zu denken, dass das Lampenfieber eigentlich eine Schutzfunktion deines inneren Sicherheitschefes ist und nichts über deine tatsächliche Leistungsfähigkeit aussagt.

▶ Beschäftige dich mit fokussierenden und konzentrationsfördernden Körperübungen, wie Yoga oder Tai-Chi. Mit etwas Übung und Praxis wird dir das helfen, mit der Situation umzugehen.

Beispiel
Heikos Brief an sich selbst:

O.K., du hast Lampenfieber. Erinnere dich an das Konzert in Münster 2006, da wärst du fast umgekippt vor Aufregung. Und es war dann absolut genial! Das Adrenalin bringt dich doch erst so richtig unter Dampf!

Akzeptiere es, wehr dich nicht dagegen, es gehört dazu. Atme tief durch. Wiederhole immer wieder das Gebet von Andrea:

„Lass mich heute so spielen, wie es in diesen Moment und zu diesen Menschen passt. Ich bin offen für das was kommt und gebe mein Bestes. Mehr kann ich nicht tun, lass sich alles weitere fügen und das geschehen, was richtig ist."

6.5 Die Ungewissheit

„In einer dunklen Zeit beginnt das Auge zu sehen".
(Theodore Roethke)

Musiker und überhaupt selbständig Tätige können nur selten weit in die Zukunft planen. Viele Anfragen kommen so kurzfristig, dass wir mit Glück gerade das nächste Quartal überblicken können. Phasen mit guter Auftragslage wechseln sich ab mit Monaten, in denen sich scheinbar nichts bewegt. *„Ich kenne das nicht anders."* sagt Uwe Seemann, *„Ich erlebe das seit Beginn meines Berufslebens so und ich weiß nicht, wie es sich anfühlt, regelmäßiges Geld zu haben. Sorgen beim Einschlafen kommen immer wieder vor, das ist normal."* Eine gewisse Risikobereitschaft gehört zu diesem Leben ebenso dazu, wie Vertrauen, ein langer Atem und der Glaube an sich selbst. Und die Fähigkeit, auf anderem Wege seinen Lebensunterhalt zu bestreiten, wenn die Engagements über eine längere Periode ausbleiben und die finanzielle Lage sich wirklich mal zuspitzt. Nur so lassen sich Durststrecken überbrücken.

Gleichzeitig ist auch ein gesunder Realismus vonnöten, um zu erkennen, ob man möglicherweise in einer Sackgasse steckt. Anna Depenbusch sagt nach ihren Erfahrungen im Musikbusiness,

Abbildung 6.2: Manchmal wissen wir nicht, wie es weiter gehen soll. Es ist, als steckten wir in einem dunklen Wald. Zeit für eine Neuorientierung.

dass unaufhörliche Widerstände auch ein Hinweis sein können, dass dies einfach nicht der richtige Weg ist. Doch woher weiß man das? Woher weiß man, ob man auf dem falschen Weg ist, oder ob man ein ganz normales Tal durchschreitet? Jeder Mensch muss Strecken meistern, auf denen er den Wald vor lauter Bäumen nicht mehr sieht. Pläne gehen nicht auf, stattdessen ernten wir Enttäuschungen. Wir wissen nicht, wie es weiter gehen soll. Petra Thelen erzählt, dass sie immer wieder vor der Frage stand, ob sie noch auf der richtigen Fährte war: *„Das waren Zeiten, wo ich nicht mehr weiter konnte und nicht mehr weiter wollte mit der Musik. Ich konnte einfach nicht mehr durchhalten. Weil es zu schwer war, weil ich meine Kreativität nicht mehr gespürt habe, weil ich Burnoutsymptome hatte und körperlich nicht mehr fit war. Was sich auch daran bemerkbar gemacht hat, dass meine finanziellen Zahlen in den Keller gingen. Wenn du keine Ausstrahlung mehr hast, bekommst du keine Gigs und keine Schüler mehr.*

Da habe ich für ein Jahr mit der Musik aufgehört. Doch ich merkte in der Zeit, dass ich ohne die Musik zutiefst unglücklich war und ich habe mich verschuldet, weil ich etwas anderes gemacht habe. Durch diese Erkenntnis konnte ich mich wieder mit neuer Kraft und mit voller Leidenschaft meinem Beruf zuwenden. Es kam drei, vier Mal vor, dass ich so erschöpft war. Dann habe ich mir das auch zugestanden und mir erlaubt, mir etwas anderes zu überlegen. Vor allem habe ich mir Ruhe gegönnt. Es gibt Musiker, die haben zehn Jahre pausiert, um dann mit neuer innerer Bestätigung und Inspiration wieder zu kommen. Und das ist grundlegend wichtig. Du musst es lieben und dich immer wieder frei dafür entscheiden, sonst geht es nicht.“

> **Kernsatz:** Eine kreative Selbständigkeit hat Ähnlichkeit mit einer Liebesbeziehung. Es gibt Phasen, in denen es nicht gut läuft. Es ist eine Kunst, hier die richtige Balance zu finden zwischen ‚Durchhalten' und ‚Distanz nehmen'.

Häufig sind diese vermeintlichen Stagnationsphasen auch Zeiten des Wachstums und der Veränderung. Es ist schwierig, Veränderungen zuzulassen, wenn wir vollkommen in einer alltäglichen Routine eingebunden sind. Von unserem eingeschlagenen Weg ein paar Schritte zurückzutreten und ihn mit Abstand zu betrachten, gibt uns die Möglichkeit, gemachte Erfahrungen zu verdauen, sie zu integrieren und uns aus dieser Position heraus neu auszurichten. Was wir vorgestern gewählt haben, muss heute nicht zu einhundert Prozent das Richtige für uns sein. Auch unsere Anlagen, unsere Bedürfnisse und unsere Visionen entwickeln sich in ihrer Erscheinungsform und Ausprägung weiter. Doch im Kern bleiben sie immer bestehen. Wenn wir uns darauf besinnen, kann uns das in Zeiten der Ungewissheit Stabilität geben.

6.5.1 Vertiefungsübung: Orientierung in der Ungewissheit

Wir können die Ungewissheit nicht beseitigen. Das Buch des Lebens wird erst geschrieben, während wir es erleben. Wir können Schlussfolgerungen aus der Vergangenheit ziehen, uns Sicherheiten in der Gegenwart schaffen und uns die Zukunft ausmalen. Aber wie es wirklich kommt, das wissen wir nicht. Das ist auch eine Chance, denn wir können immer neu entscheiden, wie wir unser

Leben beeinflussen und worauf wir hinarbeiten wollen. Wenn du gerade unter der Ungewissheit leidest, gibt es zwei Instanzen, die dir Orientierung verschaffen können: Du selbst und die Menschen in deiner Umgebung.

▶ Unsere Vertrauenspersonen können uns Rückmeldung darüber geben, wie sie unsere derzeitige Situation einschätzen. Sie können uns an unsere Talente und Gaben, an unsere bisherigen Erfolge und an unser Strahlen in guten Phasen erinnern. Sollten wir tatsächlich auf der falschen Fährte sein, haben wir vielleicht das Glück, dass jemand uns dies mit einer ehrlichen Rückmeldung spiegelt. Das kann uns davon abhalten, uns immer tiefer zu verirren und noch mehr Kraft zu verlieren. Doch sollten wir die Entscheidung, ob wir unseren Weg weiter gehen, niemals von dem Urteil anderer abhängig machen. Zu dieser Erkenntnis können wir in letzter Instanz nur selbst kommen. Hilfe geben uns dabei die Instrumente, die in Kapitel zwei, drei und vier vorgestellt wurden.

▶ Du kannst dir dein Profil als Wegweiser vornehmen und dir anschauen, welche deiner Stärken, Interessen, Träume und Persönlichkeitseigenschaften vielleicht in letzter Zeit zu kurz gekommen sind und mehr Raum benötigen. Oder ob du den Kontakt zu deiner Berufung verloren hast und wieder stärken möchtest. Die Beschäftigung damit erinnert dich an deine Anlagen und hilft dir, dich an Ort und Stelle neu auszurichten, so, wie es dir entspricht.

▶ Sehr hilfreich ist in einer solchen Situation auch die Arbeit mit dem Rad des Lebens. Mache dir deine Kraftquellen bewusst und pflege sie, sie geben dir mehr Stabilität, als äußere Umstände das jemals könnten. Überprüfe deine Schwachstellen, vielleicht wird dadurch die Ursache dafür konkreter, weshalb du dich nicht im Gleichgewicht fühlst.

▶ Neue Orientierung gibt uns vor allem auch unsere Vision. Bist du ihr in der letzten Zeit näher gekommen oder hast du dich gefühlsmäßig von ihr entfernt? Welchen Raum hat dein Wesenskern derzeit in deinem Leben?

Diese drei grundlegenden Hilfsmittel geben dir Sicherheit und Orientierung, du wirst stabiler, du wirst wieder mehr in dir ruhen und das verbessert deine Verfassung, deine Ausstrahlung und damit auch deine Situation grundlegend!

Die wichtigste Erkenntnis ist jedoch, dass es zum Leben dazu gehört, dass wir gelegentlich im Dunkeln tappen. Damit sind Freiberufler nicht alleine. Angestellte opfern einen großen Teil ihrer Selbstbestimmtheit zugunsten einer scheinbaren Sicherheit. Doch auch sie leben häufig in Unsicherheit, wie lange sie ihren Job noch behalten, oder sie erleben einen frustrierenden Arbeitsalltag und fragen sich, wie lange sie diese Arbeit noch machen wollen. Es gilt also, das Beste aus diesen Phasen der Ungewissheit zu machen und die Chance zu nutzen, die darin enthalten ist, indem wir unsere Kräfte sammeln und uns neu ausrichten. Jeder dunkle Wald hat ein Ende. Danach kommen wieder weite und sonnige Wiesen und Felder, und wir haben unseren Weg und unsere Vision vor Augen. Wenn Ängste und Zweifel schon zum Leben dazu gehören, dann doch bitteschön für etwas, das es wirklich wert ist: Für einen Lebensweg, der uns entspricht und zu dem wir von Herzen „Ja" sagen können!

**Die Essenz des Kapitels
‚Widerstände und Ungewissheit':**

▸ Angst und Zweifel gehören untrennbar zu jedem Schritt in unbekanntes Terrain dazu.

▸ Das Ausmaß unseres Widerstandes im Vorhinein sagt nichts über unsere tatsächliche Leistungsfähigkeit im entscheidenden Moment aus.

▸ Es ist gut zu prüfen, auf welche Risiken unsere Ängste uns aufmerksam machen. Doch wenn wir unsere Entscheidung getroffen haben, gilt es, ihnen standzuhalten.

▸ Kreatives Arbeiten braucht beides: Freiraum und Disziplin.

▸ Wenn wir uns in der Öffentlichkeit zeigen, können wir davon ausgehen, dass wir neben der Anerkennung auch Kritik ernten und dass wir Fehler machen.
Das ist unvermeidbar.

▸ Wenn wir uns nicht mehr sicher sind, ob wir auf dem richtigen Weg sind, heißt das nicht, dass wir gleich aufgeben müssen. Doch es lohnt sich manchmal, sich etwas Abstand zu gönnen und sich eine neue Ausrichtung zu ermöglichen.

Abbildung 6.3: Innere Widerstände und Strecken voller Ungewissheit gehören zu jedem Weg dazu. wir können lernen, damit umzugehen.

[1] In der Übersetzung von Gudrun Schwarzer wird der Leser gesiezt. Ich habe mir die Freiheit genommen, das ‚du' einzusetzen, da es eine gleichwertige Übersetzung des englischen ‚you' ist, das in Shers Originaltext verwendet wird. Quelle: Barbara Sher: Wishcraft. Lebensträume und Berufsziele entdecken und verwirklichen. 2004 Edition Schwarzer Osnabrück

[2] Barbare Sher: Wishcraft (s.o.)

[3] Wolf Lotter: Vorwärts! Aufstehen! Weiter! Los!, brand 1 9/2007, http://www. brandeins.de/home/inhalt_detail.asp?id=2437&umenuid=1&wh=Scheitern&Me nuID=130&MagID=91&sid=su80171542533935619

[4] J.K. Rowling spricht über das Scheitern in ihrer Commencement Speech in Harvard, Juni 2008. Die Aufzeichnung dieser berührenden Ansprache ist zu sehen unter: http://de.youtube.com/watch?v=nkREt4ZB-ck&feature=related

7 Der goldene Weg

*„Wer die Musik der Seele hört, beherrscht die Melodie
des Lebens." (Swami Sivananda)*

Wenn wir die bisherigen Kapitel revuepassieren lassen, war es der erste Schritt, unsere Karriere als Laufbahn zu betrachten. Damit lösen wir uns von dem Bild der Karriereleiter, die erklommen werden muss, um irgendwo anzukommen, denn unsere Laufbahn gestalten wir für den Rest unserer kreativen Schaffenszeit. Anna Depenbusch ist sich sicher, dass sie singen wird, ‚bis sie umfällt'. Für Menschen, deren beruflicher Weg so eng mit ihrem Wesen verknüpft ist, wie das bei Musikern in der Regel der Fall ist, erfordert es eine umfassende innere Ausrichtung für diese Laufbahn, die sehr lang sein wird und gleichzeitig aus vielen einzelnen Schritten besteht, Tag für Tag. Zwar brauchen wir eine Zukunftsvision, um unserer Arbeit eine Richtung und einen Sinn zu geben, doch es wäre fatal, das Gefühl von Erfolg oder das Glücklichsein ausschließlich von der Erfüllung eines fernen Karrierezieles, von dem Erreichen eines erträumten Idealzustandes oder von dem Stattfinden eines großen ‚Showdowns' abhängig zu machen. Die Folge wäre ein permanentes Gefühl von Unvollständigkeit, während wir auf dem Weg sind – und der Weg macht den größten Teil unseres Lebens aus, während das Erreichen von Meilensteinen im Vergleich dazu winzige Momentaufnahmen sind.

> **Kernsatz:** Wenn wir beginnen, unser Potenzial zu entfalten und auszuleben, müssen wir nicht warten, bis wir ein Ziel oder gar unsere Vision erreicht haben, um ein erfülltes Leben zu führen, denn wir erfüllen unser Leben Tag für Tag.

Die ersten vier Kapitel des Buches haben aufgezeigt, welche Möglichkeiten wir haben, unser Leben so zu gestalten, dass wir uns darin entfalten können. Auf diese Weise schaffen wir Raum in uns selbst und in unserem Leben für das Wesentliche – für unser Wesen, unsere Seele. Das ist nach außen hin sehr spürbar. Die Menschen merken das an einer starken, authentischen Ausstrahlung und Präsenz, sie bekommen das Gefühl, ‚da ist wirklich jemand zu Hause', wenn sie uns in die Augen schauen und mit uns sprechen. Wir sind ein echtes und klares Gegenüber, und das ist ein enormer Erfolgsfaktor. Solche Musiker sind ‚Originale', wie Bruce Springsteen oder Alanis Morissette, um zwei sehr bekannte Beispiele zu nennen. Doch ihre Bekanntheit ist nicht die Ursache, warum uns solche Musiker faszinieren, sie ist die Folge davon. Wir sind fasziniert, wenn wir einen einzigartigen Menschen auf der Bühne erleben, der sich nicht verbiegt, sondern das in die Welt bringt, was aus ihm erwächst.

Die verschiedenen Aspekte, die in diesem Buch beleuchtet wurden, können dir helfen, deiner Berufung als Musikerin oder Musiker zu

Abbildung 7.1: Wenn wir unsere natürlichen Anlagen entfalten führen wir ein erfülltes Leben und entwickeln eine kraftvolle Ausstrahlung.

folgen, auch wenn der Weg nicht immer leicht ist. Der Weg eines Künstlers führt nicht immer über saftige Felder sondern auch über hohe Berge und durch tiefe Täler, in trockene Wüsten und durch tiefe Wälder. Und das ist manchmal schwer auszuhalten, denn wir leben in einer Leistungsgesellschaft. Andere und auch wir selbst bemessen unseren Erfolg und unseren Wert immer wieder daran, wie viel wir haben, besitzen und verdienen. Dabei fehlt manchmal die Wertschätzung für den grundlegenden Beitrag, den Musiker in unserer Gesellschaft leisten. Was wäre das Leben ohne Musik? Sie erzählt uns unsere Geschichten. Nicht nur über den Text, auch durch den Rhythmus, die Melodie und das Zusammenspiel – jedes Instrument trägt zu der Geschichte bei, die ein Lied erzählt. Und letztlich sind die Aufs und Abs, die ein Künstler durchlebt, der Stoff, aus dem diese Lieder sind. Nur wer das Leben kennt, kann davon erzählen. Die Musik ist ein unschätzbar wertvolles Lebenselixier, das den Menschen hilft, sich selbst zu spüren und sich verbunden zu fühlen. Ein Lied hat die Kraft, gegnerische Soldaten über Schützengräben hinweg zu verbinden, wie damals ‚Lili Marleen', das der Soldatensender Belgrad im zweiten Weltkrieg Abend für Abend sendete. Auf der Internetseite der Interpretin, Lale Andersen, heißt es: In den Erzählungen der Zeitgenossen wird ‚Lili Marleen' magische Kraft zugesprochen. *„Die Waffen verstummen, wenn Belgrad kurz vor zehn Uhr sendet."* So berichten es Soldaten des deutschen Afrikakorps und der britischen 8. Armee übereinstimmend.

Als ‚Lili Marleen' aufgenommen wurde konnte niemand ahnen, dass es mitten im Krieg zu einer Art Ritual für die Soldaten werden würde, das Momente des Friedens stiftete. So etwas vermag nur die Musik. Ohne sie kann es auch kein Fest geben, auf dem Menschen ausgelassen tanzen, sich in den Armen liegen und ihre Sorgen für den Moment vergessen. Musik setzt unsere Gefühle frei, die in der alltäglichen Anspannung unterdrückt bleiben. Ein Fan der Hamburger Band „Blumfeld" fasste ihre Erwartungen vor dem Abschiedskonzert im Jahr 2007 spontan so zusammen: *„Das letzte Mal ‚Verstärker' hören und dazu weinen müssen. – Dürfen. – Endlich mal können."* [1]. Es ist unmöglich vorherzusagen, ob ein Song einmal Millionen von Menschen bewegen wird oder auch nur eine Person. Um dies herauszufinden, muss er geschrieben und gespielt werden. Das ist der Weg, den ein Musiker geht. Er schenkt der Welt seine Lieder ohne zu wissen, was er damit auslösen oder dafür bekommen wird. Und letztlich ist das unser aller Schicksal, denn das Leben ist nicht planbar. Wir können nur Tag für Tag unseren Weg gehen, der Welt schenken, was wir zu geben haben und dankbar annehmen, was uns wiederum zuteil wird. Für diesen grundlegenden Aspekt im Leben und in jeder Berufslaufbahn steht der Fluss des Lebens, der auf dem Bild des goldenen Weges symbolisch unser Ziel mit der Vision verbindet. Er steht für die Gewissheit, dass die Zukunft anders aussehen wird, als wir sie uns vorstellen. Schicksalsschläge und glückliche Fügungen gehen Hand in Hand, und wohin sie uns tragen, können wir nicht erahnen. Dafür können wir uns nur immer wieder öffnen und bereit sein für das Hier und Jetzt.

Das führt uns wieder zu dem Eingangsbild mit der langen Laufbahn und den vielen einzelnen Schritten. Die Laufbahn ist unser ganzer Lebensweg, doch das Leben selbst findet in den vielen kleinen Schritten statt. Das Glück wartet in einzelnen Augenblicken auf uns, nicht an großen Zielen. Dafür braucht es unsere Aufmerksamkeit für das, was gerade jetzt ist, wie es uns jetzt gerade geht und was jetzt gerade entstehen will. Das ist mehr eine Haltung von **SEIN** als von **TUN**.

So gilt es, immer wieder den goldenen Mittelweg zu finden, zwischen Tun und Sein, zwischen dem leidenschaftlichen Einsatz für die Verwirklichung unserer Ziele und der vertrauensvollen Empfangsbereitschaft für das, was gerade jetzt für uns da ist.

Für deinen ganz persönlichen, einzigartigen goldenen Weg, liebe Leserin, lieber Leser, wünsche ich dir von Herzen viel Freude und gutes Gelingen!

[1] Harry Rag: Blumfeld. Nackter als Nackt „Live in Berlin", DVD und Bonus-DVD „Abflug". Blumfeld Tonträger , 2007

Abbildung 7.2: Wenn wir unsere natürlichen Anlagen entfalten, können wir ein erfülltes Leben im Hier und Jetzt führen.

Portraits

Auf den folgenden Seiten möchte ich die Gelegenheit nutzen, die für das Buch interviewten Musikerinnen und Musiker mit Kurzbiografie und Foto in alphabetischer Reihenfolge vorzustellen.

Roger Cicero

Sänger

Roger Cicero wuchs unter dem Einfluss seines Vaters, Eugen Cicero, auf, der als Pianist Jazz und Klassik verschmolz und damit weltweit erfolgreich war. Auch der Sohn entschied sich für den Beruf des Musikers und absolvierte eine klassische Gesangs-, Klavier- und Gitarrenausbildung am Hohner-Konservatorium in Trossingen und das Musikstudium an der Hochschule der Künste in Hilversum, Hauptfach Jazzgesang.

Auf der Bühne hatte Roger zum ersten Mal im Alter von 12 gestanden und diese Erfahrung baute er stetig aus. So arbeitete er kontinuierlich mit der Soullounge und sang live und im Studio mit renommierten Köpfen der deutschen und europäischen Musikszene (Paul Kuhn, Nils Gessinger, Cornell Dupree, Stefan Gwildis u.v.m.) sowie auch mit US-Stars, wie z.B. Lamont Dozier oder Mark Murphy. In dieser Zeit entstehen mehrere Alben.

Mit dem Wunsch nach einem Soloprojekt setzt Roger schließlich auf Swing mit deutschen Texten. Seine CD ‚Männersachen' stürmt die Charts, bald gefolgt von dem Album ‚Beziehungsweise'. Roger kann auf eine erfolgreiche Zeit zurückblicken: Echo-Gewinn als der Künstler des Jahres, die Goldene Stimmgabel, Fred-Jay-Preis, Gold-, Platin- und Doppelplatin-Auszeichnungen, ausverkaufte Konzerthallen. **[www.roger-cicero.de]**

Marcus Deml

Gitarrist und Komponist

Der Gitarrist und Komponist Marcus Deml ist einer der charismatischsten Musiker unserer heutigen Zeit. Er studierte am renommierten „Guitar Institute of Technology" in Los Angeles und wurde nach seinem Abschluss in die Fakultät aufgenommen.

Das amerikanische Magazin „Guitar Player" wählte ihn aufgrund seiner Tätigkeit als Leader der Bands „Errorhead" und „Electric Outlet" unter die drei besten Gitarristen der Welt. Errorhead hat bisher zwei der innovativsten Gitarrenplatten der letzten 10 Jahre (Errorhead EGP 001 und ErrorRhythm) veröffentlicht, und Marcus wird in Amerika und Teilen Europas unter Insiderkreisen als der neue Jeff Beck gehandelt.

Seine Fähigkeit, „mit der Gitarre zu sprechen", erfreut nicht nur das Fachpublikum, was durch sein Engagement bei über 300 Studioproduktionen und zahlreichen internationalen Tourneen weiter manifestiert wird.

Die Liste seiner Arbeitgeber umfasst so diverse Künstler wie Saga, Toto Sänger Bobby Kimball, Nena, Kingdom Come, Bassist Billy Sheehan, Laith Aldeen, Rick Astley, Phils Sohn Simon Collins, Rödelheim Hartreim Projekt, Sabrina Setlur, Snap, um nur einige zu nennen. 2008 wurde die neue Errorhead Platte „Modern Hippie", sowie eine Instruction/Performance DVD mit dem Titel „Errorhead Guitar Secrets" veröffentlicht. **[www.errorhead.com]**

Anna Depenbusch

Sängerin und Komponistin

Anna Depenbusch wuchs in Hamburg auf und kam durch ihren Bruder zur Musik.

Beide spielten in der Schulbigband, beide studierten nach der Schulzeit Jazz an der Hanns-Eisler-Musikhochschule in Berlin.

Anna brach das Studium ab und die musikalischen Wege trennten sich. Anna ging zurück nach Hamburg, um ihre eigene Musik zu machen. Auf dem Weg dahin sang sie Background u.a. bei Udo Lindenberg und Orange Blue. Sie komponierte Theatermusik für das Thalia Theater und produzierte Sound-Collagen für die Jazz-Sängerin Ulita Knaus.

2005 veröffentlichte Anna ihr Debüt-Album „Ins Gesicht" mit persönlichen Eigenkompositionen über die Liebe und die Suche nach einer Heimat. Ihre hoffnungsvoll-melancholischen Lieder sind skandinavisch inspiriert durch eine Arbeitsphase auf Island.

Sie begleitet Stefan Gwildis als Support auf seiner Deutschland-Tournee.

Anna liebt den Hafen im Herbst.

[www.anna-musik.de]

Theresa Dold
Sängerin und Songwriterin

Theresa Dold ist seit über 15 Jahren leidenschaftliche Sängerin und Songwriterin. Aufgewachsen ist die 25-jährige Wahlhamburgerin auf einem kleinen Berghof im Schwarzwald und kam 2005 aufgrund der Musik in die Hansestadt.

Sie absolvierte den Kontaktstudiengang Popularmusik (POPKURS) der Hochschule für Musik und Theater Hamburg und schloss 2007 ihr zweijähriges Musikstudium an der Hamburg School of Music als zertifizierte Berufsmusikerin im Bereich Popularmusik ab.

2005 gewann Theresa den Song-Contest ‚SongLive' der Sängerakademie Hamburg, bei dem ihre besonderen Fähigkeiten im Bereich Gesang und Songwriting geehrt wurden.

Mit ihrem Singer-Songwriter Projekt tritt sie seit 2005 regelmäßig auf – Solo und mit Band. 2007/2008 wirkte sie als Sängerin, Schauspielerin und Texterin bei dem mehrfach ausverkauften Liederabend „Cafe Amazonien" von Franz Wittenbrink mit.

Ende April 2008 erschien ihr Debüt-Album, „Irgendwo dazwischen". Darauf wird sie u.a. von dem Gitarristen und Multiinstrumentalisten Roland Cabezas musikalisch unterstützt, der schon für bekannte deutsche Acts wie Orange Blue und die No Angels gewirkt hat.
[www.myspace.com/theresadold]

Peer Frenzke

Gitarrist, Komponist, Produzent, Dozent

Peer begann seine Karriere als Profigitarrist in verschiedenen Top 40-, Blues-Rock-, Soul-Funk-, Country- und Big Bands mit vielen Konzerten sowie TV- und Rundfunkauftritten.

Es folgten diverse Engagements als Live- und Studio Gitarrist, Produzent für Musical- und Theatermusik. Darüber hinaus agierte er als Künstlerbegleiter u.a. für Valeries Garten, Michaela (Ralph Siegel), Romy Camerun, Jane Comerford (Texas Lightning, Pro 7 Popstars), Ian Cussick, Rolf Stahlhofen (Söhne Mannheims), Jenniffer Kae u.v.a.

Peer Frenzke ist als Musiklehrer an der Dohrmann-Schule, Bad Bevensen, und als Fachseminarleiter für Musik am Studienseminar für Sonderpädagogik in Lüneburg tätig. Als Dozent für Pop- und Rockmusik an Schulen für den Nachwuchs ‚tingelt' er durch die Lande, um seine eigene Begeisterung und Leidenschaft für die Musik zu teilen und seine Erfahrungen weiterzugeben.

Als Mitglied verschiedener Kommissionen im Kultusministerium bzw. Ministerium für Wissenschaft und Kultur in Niedersachsen, konnte Peer musikalische Akzente landesweit mitgestalten. Darüber hinaus ist er in Kooperation mit zwei weiteren Autoren für das Konzept ‚Band Ohne Noten' verantwortlich, welches Schott und Klett Verlag gemeinsam als Schulbuch veröffentlicht.

[www.petersbergstudio.de]

Stephanie Hundertmark
Sängerin, Songwriterin

Bereits mit vier Jahren begann die musikalische Früherziehung der gebürtigen Cellerin. Blockflöten- und Klavierunterricht folgten. Ihre erste Schallplatte nahm sie im Alter von 10 mit dem dortigen Kinderchor auf.

Nach einem einjährigen Highschool-Aufenthalt in Kalifornien begann sie Songs zu schreiben und in Bands zu singen. Seit 1991 lebt und arbeitet Stephanie in Hamburg. Die Mitgliedschaft in der Northern California Songwriting Association und die Teilnahme am Kontaktstudiengang für Popularmusik der Musikhochschule Hamburg gab ihr 1995 den entscheidenden Kick. Seitdem war sie im In- und Ausland live und im Studio sowie in Funk und Fernsehen bei unterschiedlichsten Projekten tätig:

A cappella in diversen Formationen (Five Live, The Buddhas), bei den Produktionen von Martin Carbow sowie bei Live- und Studio-Backing-Vocals, u.a. für Regy Clasen, Joja Wendt, Blümchen oder DJ Ötzi. Sie arbeitete für das weltweit sehr erfolgreiche Chillout-Projekt 'Vargo' und ist ebenso in Werbejingles, Fernsehmusiken und mit ihrem eigenen Singer-Songwriter-Programm mit selbstkomponierten Stücken zu hören. 2005 lieh sie dann ihre Gesangsstimme der Schauspielerin Christiane Paul für einen ZDF-Fernsehfilm. Die Songs daraus finden sich, zusammen mit eigenen Titeln, auf der Debüt-CD ‚Wishlist'. **[www.stephaniehundertmark.com]**

Kolja Jebram
Eventmanager

Kolja Jebram, geboren 1971 in Lübeck, ist Inhaber und Geschäftsführer der Hamburger Künstler- und Eventagentur Künstler & Konzepte GmbH.

Seine Firma ist spezialisiert auf die Konzeption, Planung und Durchführung von Business Events. Dabei stellen Künstlervermittlung und Showproduktion einen besonderen Schwerpunkt dar. Hier findet eine intensive Zusammenarbeit sowohl mit Hamburger, als auch überregionalen Musikern und Künstlern statt.

Neben seiner zehnjährigen Agenturtätigkeit ist Kolja Jebram Lehrbeauftragter an der Leuphana Universität Lüneburg, wo er Studierende in den Bereichen Eventmanagement und Musik unterrichtet. Schwerpunktthemen sind hierbei u.a. die Konzeption von Events, Projektmanagement sowie die Durchführung von praxisorientierten Planspielen.

Zudem ist Jebram seit über 20 Jahren als Musiker, Komponist und z.T. Co-Produzent tätig. Sein musikalisches Herz schlägt insbesondere für den Jazz sowie die Popularmusik jenseits des Mainstreams.

Kolja Jebram hat Angewandte Kulturwissenschaften mit den Schwerpunkten Musik und Medien studiert.
[www.kundk-events.de]

Birdy Jessel
Saxophonistin und Sängerin

Birdy wuchs mit der Geige auf. Als Jugendliche stieg sie um auf das Saxophon und studierte schließlich dieses Instrument im Studiengang Popularmusik im Bereich Jazz an der Musikhochschule Hamburg.

Seit 1991 ist sie professionelle Musikerin im Jazz-, Pop- und Soulbereich. Sie war unter anderem auf Tournee mit Marianne Rosenberg, trat mit der Band RAD im Vorprogramm von Maceo Parker und Bobby Bird auf, spielte mit „M´Blu et moi" auf dem Hamburger Jazzport als Vorband von den Yellowjackets und hatte diverse Fernsehauftritte, wie z.B. mit Udo Lindenberg.

Mit den Bands „Tätärä" und „Liberos" ist sie seit über 10 Jahren auf dem ganzen Erdball unterwegs. Zudem wirkte sie bei vielen CD-Produktionen als Studiomusikerin mit.

Projekte:
Das Jazzduo JazzlerZwillinge (Saxophon, Gitarre, Gesang) besticht durch seine groovigen Sounds mit Jazz-, Soul-, Pop- und Bossa-Klassikern. Beim JazzlerTrio kommt noch ein Kontrabass dazu. Mit Keyboard und Schlagzeug heißt die Band Birdy & TheNiceGuys. Hier liegt der Schwerpunkt auf tanzbaren Soul- und Pop-Coversongs aus mehreren Jahrzehnten.
[www.birdyjessel.de]

Petra Schechter

Sängerin, Atem-, Stimm- und Gesangscoach

Seit mehr als 15 Jahren arbeitet Petra Schechter als Sängerin sowie als Atem-, Stimm- und Gesangscoach. Als Tochter des Schlagzeugers Harry Schechter, der mit Größen wie Frank Sinatra, Marlene Dietrich, Josephine Baker, Harry Belafonte und vielen anderen zusammenarbeitete, und Claudine Schechter, die in jungen Jahren als Sängerin, Schauspielerin und Akrobatin auf der Bühne stand, hatte Petra Schechter das Glück, sehr unterschiedliche musikalische Einflüsse mitzubekommen. Ihr Schwerpunkt liegt im Bereich der Soul Musik, ihr eigenes Bandprojekt heißt ‚natural soul'.

Neben ihrer Arbeit als Sängerin und dem Gesangsunterricht erweiterte Petra Schechter ihr Wissen und ihre Erfahrungen um eine körperpsychotherapeutische Ausbildung. Die Grunderkenntnis, dass Stimme und Persönlichkeit zusammenhängen, integrierte sie in ihre Arbeit und entwickelte dabei ‚VoicEnergy & more', ein ganzheitlich orientiertes Atem-, Stimm- und Gesangscoaching.

Künstler, mit denen Petra Schechter zusammengearbeitet hat: Inga Rumpf, Abi Wallenstein, Rolf Zuckowski, Senait Mehari, Chris Jones, Steve Baker, Lars Luis Linek, Claus Dixi Diercks, Kevin Williams & Soulpower, Floy, Jonas Schön Band.

[www.voicenergyandmore.de]

Uwe Seemann

Bass & Gesang, Bandcoach, Produzent und Veranstaltungstechniker

Kontaktstudiengang Popularmusik an der Musikhochschule Hamburg, sowie: Zed Yago, Bardun & Helden, Roy Last Group, White Bread, Sarah Lillian, Ohrenfeindt, natural soul, Ministry of Song, Zabba Lindner, Regy Clasen, Alex Conti, George Kochbek, Sid Gautama, Sahnie (Die Ärzte), The Crooners, sowie Tanz- und Partybands/Top 40

Uwe arbeitete als Bandcoach und Produzent u.a. mit: Sunnyglade (jetzt: Juli), 44U, Cryptic Garden, The Crooners.

Als „Crew" arbeitete Uwe u.a. mit: The Rocky Horror Show, Al Jarreau, Dr John, Wendy&Lisa, Iron Savior, Lutricia McNeal, Jürgen Drews, Stephanie Hundertmark, Sasha, Fettes Brot, rtl-Superstars, Mousse T., Fury in the Slaughterhouse, Jonathan Walter, Achim Reichel, Revolverheld u.v.a.m.

Mit seiner Partnerin Petra Schechter führt Uwe seit 2006 die Firma „VoicEnergy & more", die sowohl im Bereich Atem-, Stimm- und Gesangscoaching, als auch im Bereich Mikrofoncoaching auftritt.

Aktuelle Bandprojekte: ‚Bardun & Helden', ‚White Bread', ‚natural soul'.

[www.naturalsoul.de]

Petra Thelen

Saxophonistin , Leiterin der Schule: ‚Saxophon Dein Traum', Coach und Trainerin

Petra kaufte ihr Saxophon nachdem sie eine nächtliche Vision hatte: Sie träumte davon, in einem hellen Scheinwerferlicht zu stehen, begleitet von einer Band. Sie spielte ein jazziges Saxophon. Das fand sie damals so besonders, dass sie dachte: „Wenn ich im Traum spielen kann, dann kann ich es auch erlernen." So kam es: Sie kaufte ein Saxophon und fing an zu spielen. Ihre Ausbildung genoss sie bei den unterschiedlichsten Lehrern in Hamburg und ganz Deutschland. Vierjährige Ausbildung zur CoreDynamik-Trainerin und -Therapeutin. 1997 Gründung ihrer eigenen Schule für Saxophon.

Sie entwickelt beständig neue Unterrichtsmethoden, die das Ziel haben, nicht nur die Technik zu erlernen, sondern das Instrument in der Tiefe mit sich zu verbinden und damit eine enorme Heilkraft zu entfachen.

Ihre künstlerische Arbeit hat sich vom Spielen in Bands zu Soloauftritten erweitert.

[www.saxophon-dein-traum.de]

Helge Zumdieck

Schlagzeuger, Gechäftsführer und künstlerischer Leiter der Hamburg School of Music

Helge, Jahrgang 1964, zog nach seinem Schlagzeugstudium in Los Angeles, das er mit Auszeichnung abschloss, 1988 nach Hamburg.

Hier arbeitet er als Live- und Studio-Schlagzeuger für zahlreiche Künstler, u.a. Ina Müller, Annett Louisan, Inga Rumpf und Achim Reichel.

Während seiner Lehrtätigkeiten, u.a. an der Hochschule für Künste in Bremen und an der Hochschule für Musik und Theater in Hamburg, entstand die Idee zur Gründung einer Institution, die Musiker/innen ganzheitlich, stilistisch vielseitig und praxisorientiert ausbildet.

Im Jahr 2000 gründete Helge Zumdieck zusammen mit renommierten Musikern der Hamburger Musikszene die Hamburg School of Music, Norddeutschlands einzige staatlich anerkannte Berufsfachschule für Popularmusik, für die er bis heute als künstlerischer Leiter und Geschäftsführer tätig ist.

[www.theschool.de]

Danksagung

Dieses Buch konnte nur durch die Unterstützung und die Kooperationsbereitschaft vieler Menschen entstehen.

Mein Dank gilt:

Der Hamburg School of Musik und meinen dortigen Workshopteilnehmern: Im Dialog mit ihnen konnte ich meinen Ansatz immer mehr verfeinern und nun für das Buch auf vielfältige Beispiele zurückgreifen.

Den Musikerinnen und Musikern, die sich die Zeit für ein Interview genommen haben: Sie haben diesem Buch mit ihren Beispielen die Lebendigkeit und Praxisnähe geschenkt.

Ein besonders heißer Dank gebührt meinem Lektoren-Dreamteam:

Tamara Steg: Sie hat mich auf ihre professionelle, strenge und bezaubernde Art wochenlang sprachlich erzogen, bis wir endlich meinen Schreibstil freigelegt hatten. Doch bis zum Schluss blieb sie kritisch. Immer wieder überprüfte sie auch meine Struktur mit geübtem Blick und gab mir wertvolle Anregungen. Ich weiß nicht, wie ohne ihr Coaching eine Autorin aus mir geworden wäre! Unsere Arbeitstreffen bei köstlichem Kuchen im Literaturcafé Mathilde werden immer eine romantische Erinnerung für mich bleiben!

Karsten Rakebrandt: Wie dankbar ich dafür bin, dass es ihn gibt und dass er mich liebt, ist nicht in Worte zu fassen. Und weil er prinzipiell aus seinem Herzen keine Mördergrube macht, konnte ich mich immer darauf verlassen, dass das Kapitel gut war, wenn er sagte, es sei gut.

Birgit und Rolf Rakebrandt: Meine Schwiegereltern sind uns nicht nur ein Vorbild, sie sind auch immer für uns da. Auf Birgits Sorgfalt beim orthografischen und grammatikalischen Lektorat konnte ich mich blind verlassen. Tatkräftig unterstützt wurde sie dabei von Ute Weber, der sie das Manuskript über den nachbarschaftlichen Zaun reichte, um es nochmals nach den neuen Rechtschreibregeln überprüfen zu lassen.

Marc Stapelfeldt: Nach seinem ersten deutlichen Feedback platzte bei mir der Knoten und ich konnte schreiben. Auch die folgenden Kapitel las er sehr genau und gab mir die Sicherheit, dass sich ein Musiker von den Texten angesprochen fühlen kann.

Anja Hoch: Ihre punktgenaue Email zum Rad des Lebens rettete dieses Kapitel in das Buch hinein. Und als ‚Patin' hat sie es dann auch noch aus ihrer Sicht als Musikerin geprüft.

Meiner Schwester Birgit Rusche-Hecker: Sie übernahm den Job des Abschlusslektorats aus der Sicht der ‚Endverbraucherin'. Ihr fulminantes Feedback kam immer direkt von Herzen und hat mich sehr motiviert, weiterzuschreiben – gerade auch, wenn Bruce mal wieder zur Höchstform auflief. Vor allem aber bin ich dankbar für ihre bloße Existenz, für unser gegenseitiges Vertrauen, den schwarzen Humor und all den Spaß und die Interessensgebiete, die wir teilen.

Meinem Verleger Alexander Weber: Seiner Kontaktaufnahme ist die Entstehung des Buches zu diesem Zeitpunkt zu verdanken und er hat auf die Abgabe eines guten Manuskriptes vertraut, auch wenn ich mal wochenlang nichts von mir hören ließ.

Christian Sommer: Er hat meine Vorlagen in professionelle Illustrationen und Arbeitsblätter verwandelt und auch alle nachträglichen Änderungen geduldig umgesetzt.

Jakob Radszat: Er hat für mich in Erfahrung gebracht, was eine Kursänderung von 10 Grad für Konsequenzen hat, wenn man in New York mit Kurs auf Calais in See sticht.

Bernhard Mack: In seiner kreativen, ganzheitlichen und sehr wirksamen Herangehensweise als Coach und Trainer ist er mir Lehrer und Vorbild. Die CoreDynamik als Methode und die Menschen, denen ich durch sie begegnet bin, haben meine berufliche und private Entwicklung sehr gefördert. Seine ermutigende Rückmeldung zu meinem Manuskript hat mir auf den letzten „TÜF-Metern" noch mal Flügel geschenkt.

Jana Raile und Gerhard Bosche: Ihr habt schon sehr früh in mein Potenzial vertraut. Seitdem begleiten und inspirieren wir uns gegenseitig, das ist mir sehr kostbar.

Meinen Eltern, die indirekt zu diesem Buch beigetragen haben: Von meiner Mutter habe ich den Zugang zur Kreativität mitbekommen, wie auch den Mut zu unkonventionellen Lösungen. Meinem Vater verdanke ich neben meinem leidenschaftlichen Interesse für viele Wissensgebiete auch meinen schnellen Verstand und meine Freude an Struktur und Systematik.

Ein Dank gilt auch meinen Freunden und Bekannten, die Verständnis dafür hatten, dass meine Aufmerksamkeit in diesen Monaten sehr gebündelt und meine freie Zeit rar war.

Sachregister